Diversitätsorientierte Bildung im Alter

Reviewed Research. Auf den Punkt gebracht.

Springer VS Results richtet sich an AutorInnen, die ihre fachliche Expertise in konzentrierter Form präsentieren möchten. Externe Begutachtungsverfahren sichern die Qualität. Die kompakte Darstellung auf maximal 120 Seiten bringt ausgezeichnete Forschungsergebnisse „auf den Punkt".

Springer VS Results ist als Teilprogramm des Bereichs Springer VS Research besonders auch für die digitale Nutzung von Wissen konzipiert. Zielgruppe sind (Nachwuchs-)WissenschaftlerInnen, Fach- und Führungskräfte.

Karin Hardebusch

Diversitätsorientierte Bildung im Alter

Selbstorganisierte Bildungsarbeit
in der Evangelischen Kirche
in Hessen und Nassau

 Springer VS

Karin Hardebusch
Marburg, Deutschland

Gefördert aus Mitteln des Hessischen Kultusministeriums. Gedruckt mit Unterstützung des Projektpartners, dem Zentrum Bildung der Evangelischen Kirche in Hessen und Nassau.

HESSEN

Hessisches Kultusministerium

Fachbereich
Erwachsenenbildung und Familienbildung

Zentrum Bildung
der Evangelischen Kirche
in Hessen und Nassau

ISBN 978-3-658-11917-1   ISBN 978-3-658-11918-8 (eBook)
DOI 10.1007/978-3-658-11918-8

Die Deutsche Nationalbibliothek verzeichnet diese Publikation in der Deutschen Nationalbibliografie; detaillierte bibliografische Daten sind im Internet über http://dnb.d-nb.de abrufbar.

Springer VS

Gedruckt auf säurefreiem und chlorfrei gebleichtem Papier

Springer Fachmedien Wiesbaden ist Teil der Fachverlagsgruppe Springer Science+Business Media
(www.springer.com)

Inhaltsverzeichnis

1 Einleitung

Die Bildungsarbeit mit älteren Menschen steht gegenwärtig – auch und gerade im Kontext der Kirche – vor enormen Herausforderungen. So ist mit dem demografischen Wandel nicht nur eine Verschiebung der Alterskohortenanteile mit einem deutlichen Aufwuchs der älteren Kohorten verbunden, sondern auch eine Verlängerung der Lebensspanne, z.b. durch medizinisch-technischen Fortschritt, gesündere Ernährung und Lebensweise etc. (vgl. BMFSFJ 2006: 29; Aner, Karl 2010: 10). Gleichzeitig beginnt sich das Alter – gerade auch bedingt durch seine quantitative Zunahme und Verlängerung – auszudifferenzieren in unterschiedliche Phasen, in individualisierte nachberufliche Entwicklungs- und gesellschaftliche Teilhabepräferenzen, in milieuspezifische Lebenslagen mit großen interindividuellen Unterschieden (vgl. z.b. Klingenberger 1996: 18; Kruse, Wahl 2010: 269; BMFSFJ 2012). Schließlich sind gesellschaftliche Veränderungen mit Blick auf relevante Alter(n)sbilder zu erwähnen, die eine stärkere Kompetenzorientierung – in Abgrenzung zu einer Defizitorientierung – betonen und Alter bzw. ältere Menschen als gesellschaftliche Ressource, z.B. im Kontext bürgerschaftlichen Engagements begreifen (vgl. BMFSFJ 2010). Dieser Blick auf die Ressourcen und Kompetenzen ist jedoch verbunden mit einer durchaus ambivalenten Gleichzeitigkeit von gesellschaftlichen Beteiligungsmöglichkeiten, aber auch lern- und beteiligungsbezogenen Zumutungen.

Alle drei Dimensionen der aktuellen Entwicklungen – die demographische, entwicklungspsychologische und gesellschaftliche Dimension – haben Auswirkungen auf die allgemeine und auch kirchliche Bildungsarbeit mit älteren Menschen, insbesondere mit Blick auf die Frage, wie eine inklusive – in diesem Sinne umfassende, gleichwohl differenzierende und individualisierende – Bildungsarbeit gelingen kann. Inklusion wird in dieser Perspektive nicht vornehmlich aus Sicht der Behindertenrechtskonvention, sondern als Ausdruck und Herausforderung einer diversitätsorientierten Pädagogik verstanden und zwar sowohl mit Blick auf die Adressaten(-vielfalt) als auch mit Blick auf die Einrichtungen selbst. Daher soll im Folgenden unter dem Begriff Inklusion vor allem eine Diversitätsorientierung in Bezug auf die Vielfalt und Heterogenität der Zielgruppe älterer Menschen verstanden werden.

Die vorliegende Ausarbeitung soll einen empirisch-konzeptionellen Beitrag dazu leisten, wie die Problemstellung einer inklusiven, also diversitätsorientierten Bildungsarbeit mit den doppelten – den adressaten- und organisationsbezogenen – Entwicklungsherausforderungen innerhalb der kirchlichen Bildungsarbeit bewältigt werden kann.

Dazu werden die folgenden Kapitel wie folgt strukturiert: Dem empirischen Teil der Ausführungen ist ein theoretischer Teil vorangestellt, der begriffliche Grundlagen zum Thema inklusiver kirchlicher Altenbildung legt und damit eine theoretische Perspektive auf das Thema erschließt (2).

Im empirischen Teil werden dann unterschiedliche Zugänge zur Erfassung und Beschreibung kirchlicher Altenbildungsarbeit vorgestellt. Einen ersten Zugang eröffnet eine umfassende Literaturanalyse, deren Ergebnisse summarisch vorgestellt werden (3). Eine zweite Möglichkeit zur Annäherung an das Thema bietet eine explorative Programmanalyse kirchlicher Altenbildungsarbeit, aus der ausgewählte Befunde pointiert abgebildet werden (4). Sowohl in der Literatur- als auch in der Programmanalyse zeigt sich, dass neue – vor allem selbstorganisierte – Formen der Altenbildung in Abgrenzung zu traditionellen Formen bisher kaum oder keine Erwähnung finden. Unter dem Gesichtspunkt einer diversitätsorientierten Bildungsarbeit können diese allerdings von hoher Bedeutung sein. Aus dem Grund wird über eine Institutionenanalyse ein dritter Zugang zur Erfassung kirchlicher Bildungspraxis eröffnet (5). Zunächst werden die Institutionen vorgestellt, die als Good-Practice-Beispiele aus dem Kontext kirchlicher Altenbildungsarbeit für die Analyse ausgewählt wurden (5.1). Es schließt sich die Darlegung der nach Schwerpunkten strukturierten Ergebnisse der empirisch-qualitativen Untersuchung dieser Institutionen an (5.2).

Anschließend werden die Ergebnisse des empirischen Teils zusammengeführt, indem auf unterschiedlichen Ebenen Empfehlungen für eine diversitätsorientierte kirchliche Altenbildungsarbeit abgeleitet und formuliert werden, die dann auf die Selbstorganisation bezogen konkretisiert werden (6).

Ein Fazit mit Ausblicken bildet schließlich den Schlussstein der vorliegenden Ausarbeitung zu diversitätsorientierter Bildung im Alter im Kontext kirchlicher Einrichtungen (7).

2 Grundlegende Begrifflichkeiten für den theoretischen Hintergrund inklusiver kirchlicher Altenbildung

Für die Auseinandersetzung mit dem Thema der inklusiven, in diesem Sinne heterogenitätsorientierten Altenbildung (im kirchlichen Kontext) bedarf es zunächst einer Klärung grundlegender Begrifflichkeiten. Nun folgend werden daher die Begriffe Inklusion (2.1), Alter/Altern (2.2) sowie (Alten-)Bildung (2.3) mit ausgewählten Bedeutungshorizonten vorgestellt.

2.1 Zur Bedeutungsvielfalt des Begriffs Inklusion

Den Begriff Inklusion prägen „begriffliche Unschärfen und eine Tendenz zur Inflationierung" (Hinz 2002: 2), doch hat er sich im Laufe der letzten Jahre zu einem Schlüsselbegriff für u. a. die Bildung und Weiterbildung, wie auch für die Sozial- und Arbeitsmarktpolitik entwickelt. Er ist zu einer „bildungspolitischen Zielperspektive" (von Küchler in: Dollhausen, Feld, Seitter 2010: 331) geworden und betrifft daher zunehmend auch die kirchliche Bildungsarbeit (vgl. z. B. Pithan, Schweiker 2011; Huber 2006; Elsenbast, Otte, Pithan 2013).

Inklusion wird oft mit dem Begriff Integration in Verbindung gebracht, nicht selten auch mit gleichen oder ähnlichen Intentionen verwendet. Daher werden die Begriffe folgend voneinander abgegrenzt.

Beide Begriffe – Inklusion und Integration – basieren auf der Unterschiedlichkeit der Menschen in einer Gesellschaft oder einer Gruppe, die z. B. anhand ihrer verschiedenen Möglichkeiten zur Teilhabe am gesellschaftlichen Leben differenziert werden. So gibt es Gruppen von Menschen, die aufgrund bestimmter Merkmale mehr oder weniger partizipieren können oder ganz ausgeschlossen werden, z. B. von Bildung. Durch Integration sollen ausgeschlossene oder von Ausschluss betroffene Gruppen und Menschen wieder eingegliedert werden, um ihre Partizipationsmöglichkeiten (zurück zu) erhalten und entfalten zu können. Es kann nun zwar eine gemeinsamen Teilhabe der vorher segregierten Gruppe(n) erreicht werden, doch bleibt die Kategorisierung weiterhin sichtbar und bestehen, so dass von einem Nebeneinander der Gruppierungen gesprochen werden kann (vgl. Integrationsprojekt 2015: o.S.).

Inklusion dagegen zielt darauf ab, ausgeschlossene oder von Ausschluss betroffene Gruppen nicht nur (wieder) einzuschließen, sondern schon von vornherein auf stigmatisierende Ausgrenzung zu verzichten und stattdessen von einer egalitären Differenz aller Gesellschaftsmitglieder auszugehen (vgl. Katzenbach in: Burtscher et al. 2013: 29ff.). Inklusion ist in unterschiedlichen Theorie- und Diskussträngen von Bedeutung. Ursprünglich stammt der Begriff aus der Sonder- und Heilpädagogik (vgl. Hinz 2002: 354ff.). Inklusion und Integration werden hier in einen Zusammenhang mit Behinderung und Beeinträchtigung von Menschen in unterschiedlicher Form gebracht. Die Gesellschaft Erwachsenenbildung und Behinderung e.V. (GEB) erfasst das Ziel der Inklusion in diesem Zusammenhang wie folgt:

> „Angestrebt wird Inklusion, d.h. ein selbstverständliches und vollständiges Dazugehören, die Präsenz und Mitwirkung von Menschen mit Behinderung in allen Gesellschaftsbereichen" (GEB 2003: o.S.).

Inklusion bedeutet hier vor allem die Teilhabe aller Menschen am gesellschaftlichen Leben. Zu betonen ist ein Perspektiv- bzw. Paradigmenwechsel von zunächst dem Blick auf den Menschen, hin zum Blick auf die institutionale, organisationale und gesellschaftliche Seite, denn

> „das Umfeld und die Umwelt [sollten, K.H.] so gestaltet werden, dass Barrieren beseitigt werden. Dies ist ein radikaler Unterschied zu dem Ansatz, dass sich der Mensch selbst zunächst verändern muss" (Integrationsprojekt e.V. 2015: o.S.).

Ein weiterer Diskursstrang ist der soziologische Diskurs über Inklusion/Exklusion. Dieses Begriffspaar kann nicht losgelöst voneinander betrachtet werden, ähnlich wie z.B. Nähe/Ferne. Um Inklusionsmechanismen in den Blick nehmen zu können, müssen gleichzeitig exkludierende – in diesem Sinne benachteiligende – Prozesse und Faktoren identifiziert werden. So geben Exklusion/Inklusion

> „einen analytischen Rahmen vor, der es ermöglicht, neue Ungleichheiten und Spaltungslinien zu erkennen, die die Gesellschaft insgesamt prägen und verändern. Sie manifestieren sich als Abstufungen in der Qualität von Zugehörigkeit und Teilhabe" (Kronauer 2010: 18).

Kronauer verdeutlicht die Mehrdimensionalität des Begriffspaares. Es zeigt sich, dass Inklusion/Exklusion immer im Kontext gesellschaftlicher Prozesse und Mechanismen betrachtet werden müssen (vgl. ebd.). Daher wird zur begrifflichen Eingrenzung von Inklusion festgehalten:

> „Inklusion [...] meint gesellschaftliche Zugehörigkeit und Teilhabe, die durch die Einbindung von Menschen in die wechselseitigen Sozialbeziehungen der gesellschaftlichen Arbeitsteilung, durch Reziprozität in Verwandtschaft und Bekanntenkreisen sowie die Zuerkennung und Materialisierung von (persönlichen, politischen

und sozialen) Bürgerrechten gewährleistet wird. [...] Dabei schließt Inklusion das Ziel der Erweiterung von Teilhabemöglichkeiten durch Bildung als soziales Bürgerrecht notwendigerweise mit ein" (Kronauer 2010: 17).

„'Exklusion' wird in der Soziologie häufig gleichbedeutend mit ‚Ausschließung' verwendet" (Kronauer 2010: 25), womit sowohl ein Prozess als auch ein Zustand beschrieben werden (vgl. ebd.). Exklusion bezeichnet in diesem Zusammenhang „letzten Endes den Abbruch der Wechselseitigkeiten, soziale Isolation und den Verlust von Bürgerrechten" (ebd.) und erfasst Ausgrenzungs- und Ausschlussmechanismen aufgrund unterschiedlicher Faktoren und Prozesse. Ältere Menschen sind im Kontext von Exklusion zweifach betroffen:

„Soziale Exklusionsprozesse [...] haben für ältere Menschen eine doppelte Dimension: Sie sind gesellschaftliche Ausgrenzung, indem sie den Individuen bestimmte Ressourcen und Möglichkeiten vorenthalten und sie sind individuelle Ausgrenzung, indem sich der Einzelne aus gesellschaftlichen Bezügen zurückzieht" (Friebe in: Kronauer 2010: 141).

In diesem Kontext kommen auch Fragen nach der Ressourcenverteilung innerhalb der Gesellschaft mit sozialstrukturellen Ungleichheiten und Benachteiligungen (vgl. ebd.; Kronauer 2010: 25), wie auch Themenfelder der Machtkonstellationen im gesellschaftlichen Zusammenhang auf, die hier nicht weiter ausgeführt werden.

Ein weiterer Diskursstrang ist im Bereich der Heterogenität und Diversität zu verorten. Individualität und Unterschiedlichkeit können nur sichtbar gemacht und definiert werden, wenn ein Individuum in einen Bezug, einen Vergleich mit anderen Individuen gebracht wird. Es entwickeln sich Kategorien auf ganz unterschiedlichen Ebenen, denen Menschen aufgrund verschiedener Merkmale und Faktoren zugeordnet werden (können). So sind Kategorien z.B. auf das Alter von Menschen bezogen, auf die Differenzierung beeinträchtigt/nicht-beeinträchtigt oder auf das Geschlecht. Es entsteht eine Fülle an Kategorien, die in einer Gesamtschau Heterogenität bzw. Diversität abbilden. Jedoch muss betont werden, dass es innerhalb einer Kategorie trotzdem große interindividuelle Unterschiede geben kann. So sind „die Älteren" zwar einer Kategorie zugeordnet, jedoch ist innerhalb dieser Kategorie eine große Unterschiedlichkeit der Menschen sowie deren Lebenslagen zu verzeichnen.

Aufgrund der Ausdifferenzierung der Lebensphase des Alters rückt daher der Begriff Heterogenität in den Blick. Im Kontext der Altenbildung geht es bei dem Ziel der Inklusion daher ebenfalls um die (Neu-)Ausrichtung der Bildungsbemühungen sowie Veränderung von Selektionskriterien der BildungsanbieterInnen auf Vielfalt und Heterogenität, womit Selektionsfunktionen nach Homogenitätskriterien abgelöst werden sollen (vgl. von Küchler in: Dollhausen, Feld, Seitter 2010: 332).

Inklusion soll an diesen Diskursstrang anschließend im Folgenden als Diversitätsorientierung in den Altenbildungsbemühungen der Kirche verstanden werden, die darauf abzielt, die Heterogenität der Zielgruppe älterer Menschen in Bezug auf ihre unterschiedlichen Bildungspräferenzen umfassend, jedoch gleichwohl differenzierend erfassen und berücksichtigen zu können. Wie die Lebensphase des Alters ausgestaltet sein kann und was unter Alter und Altern verstanden werden kann, wird folgend beschrieben.

2.2 Begriffseingrenzungen des Alters und Alterns

Der Begriff Altern ist mit unterschiedlichen Bedeutungen besetzt. So drückt er zum einen den natürlichen Alterungsprozess von Menschen beginnend mit der Geburt aus. Zum anderen werden mit diesem Begriff unterschiedliche Verlust-prozesse auf psychischer, physischer und geistiger Ebene bezeichnet. Da diese Verluste vor allem im (fortgeschrittenen) Alter sichtbar werden, wird Altern oft mit dem Alter in einen Zusammenhang gebracht bzw. mit diesem assoziiert (vgl. Walter et al. 2006: 43).

Mit dem Begriff Alter sind ebenfalls unterschiedliche Wortbedeutungen verknüpft. Zunächst bildet der Begriff das Lebensalter eines Menschen ab, also das sogenannte kalendarische Alter. Eine weitere Bedeutung des Wortes ist die Bezeichnung einer Lebensphase. Hier stellt sich die Frage nach dem Beginn und der Einordnung dieser Phase in den Lebenslauf eines Menschen. Die Antworten darauf sind sehr unterschiedlich, daher kann bzw. soll diese Frage hier nicht final beantwortet werden (vgl. Aner, Karl 2010: 10). So werden z.B. ein be-stimmtes kalendarisches Alter als Beginn der Lebensphase definiert oder der Eintritt in die Nacherwerbsphase (vgl. ebd.). Dieser Übergang kann jedoch sehr unterschiedlich ausgestaltet sein, z.B. durch Frühverrentung oder die Fortfüh-rung einer Selbständigkeit bis ins hohe Alter, sodass auch dieses Kriterium wenig hilfreich bei der Eingrenzung der Lebensphase erscheint. Es bleibt also offen, wo und wann genau das Alter als Lebensphase beginnt.

Was allerdings detailliert und konkret beschrieben werden kann, sind die Ausdifferenzierung und Verlängerung dieser Lebensphase (vgl. Aner, Karl 2010: 10). Die Ausdifferenzierung bezieht sich auf die sehr unterschiedlichen Lebenslagen, Lebensstile und Lebenswelten älterer Menschen und die daraus resultierenden Bedürfnisse in Bezug auf die Lebensgestaltung und Alltagsbe-wältigung (vgl. z.B. Kolland 2012: 21; Bubolz-Lutz 1984: 25).

Aufgrund dieser Heterogenität wurden Versuche einer Differenzierung und damit einer Kategorisierung der Menschen in dieser Phase entwickelt. Es gera-ten Begriffe wie das dritte und das vierte Lebensalter in das Blickfeld (vgl. Laslett 1995). Diese Zweiteilung differenziert zwischen älteren Menschen im dritten Lebensalter, die meist bei noch guter Gesundheit sind und aktiv sein können und wollen. Dagegen werden dem vierten Lebensalter eher die Menschen in höherem Alter zugeordnet, die vermehrt von altersbedingten Verlusterscheinungen betroffen und weniger aktiv sein können (vgl. Aner, Karl 2010: 10; Roos in: Erhardt, Hoffmann, Roos 2014: 28; Laslett 1995).

Diese Zweiteilung wird um die Möglichkeit einer Dreiteilung der Lebensphase des Alters ergänzt, z.B. in das junge, mittlere und hohe bzw. betagte Alter (vgl. Müller in: Seiverth, DEAE 2002: 507; Friebe, Jana-Tröller 2008: 26f.).

Die Lebensphase des Alters hat sich also im Kontext der gesellschaftlichen, besonders der demografischen Entwicklungen im Laufe der letzten Jahrzehnte sehr verändert (vgl. z.B. Schölkopf in: Becker, Veelken, Wallraven 2000). In diesem Zusammenhang wird von einem Strukturwandel des Alters gesprochen, der sich nach Tews in fünf Charakteristika darstellen lässt, die je eigene Implikationen für Altenbildungsarbeit mit sich bringen: 1. die Entberuflichung des Alters aufgrund unterschiedlicher Formen des Eintritts in die Verrentung sowie eine hohe Quote an Altersarbeitslosigkeit; 2. die Verjüngung des Alters durch vorzeitige Eintrittsmöglichkeiten in die Verrentung sowie die Veränderung der Lebensstile vieler Älterer; 3. die Feminisierung des Alters durch unter anderem die Verluste der Männer in den Kriegsjahren und zum anderen die höhere Lebenserwartung von Frauen; 4. die Singularisierung des Alters, vor allem durch Verluste des Partners/der Partnerin sowie 5. die Hochaltrigkeit, die in den letzten Jahren stark zugenommen hat und aktuell die am schnellsten wachsende Altersgruppe ist (vgl. Tews in: Naegele, Tews 1993: 23ff.).

Neben dem Strukturwandel haben sich auch der fachliche und gesellschaftliche Blick auf das Alter, wie auch die Orientierungen in der Altenbildung in den letzten Jahrzehnten verändert. So war der Blick auf das Alter in den 50er/60er Jahren problemorientiert an Defiziten des Alters und Alterns mit dem vorrangigen Ziel der Pflege und Betreuung ausgerichtet. Dieser Blick weitete sich in den 70er Jahren, der „Periode der Individualisierung" (Kronauer 2010: 12) auf den Lebenslauf Älterer und eine Zielgruppenorientierung aus. In den 80er Jahren wurden die helfenden und pflegenden Aspekte des defizitär gefärbten Blicks von der Aktualität und den Möglichkeiten der Bildung im Alter verdrängt. Die Entwicklung mündet in das aktuelle Bild von Älteren, dem Alter und Altern, das die Kompetenzen und Ressourcen in den Blick nimmt (vgl. z.B. Arnold in: Becker, Veelken, Wallraven 2000: 16-32; Klingenberger 1996: 97).

An dieser Stelle wird der Fokus auf Bildung im Alter gelenkt. Daher werden der Bedeutungshorizont von Bildung sowie (kirchlicher) Altenbildung im Folgenden angerissen.

2.3 Zu den Begriffen Bildung und Altenbildung

Bildung ist ein Begriff, der über sehr vielfältige und vor allem weitreichende Bedeutungshorizonte und Verständnisse verfügt. Definitionsversuche von Bildung sind ebenso vielfältig (vgl. Anding 2002: 37). Die folgende Abbildung zeigt Ausschnitte dieses Spektrums:

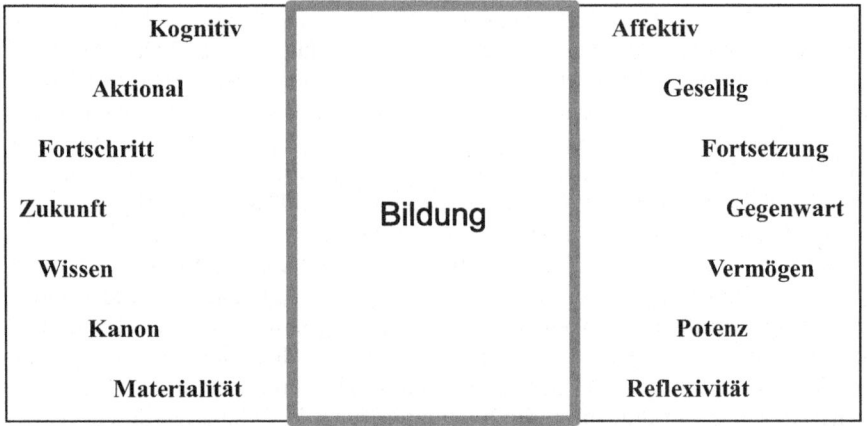

Abbildung 1: Ausschnitt des Begriffsspektrums Bildung

Beispielhaft werden nun einige dieser Punkte aufgegriffen: So kann Bildung z. B. auf einer kognitiven Ebene schulisch assoziiert und auf konkrete Wissensbereiche fokussiert sein. Bildung kann aber auch auf der emotionalen, affektiven Ebene – quasi als Herzensbildung – verortet werden, wobei die Bereiche nicht trennscharf voneinander abgrenzbar sind. Weiter kann es um die Bildung des Individuums mit einem konkreten Verwertungsbezug meist in beruflicher Hinsicht auf der einen Seite gehen, während auf der anderen Seite Bildung als Anlass für Gemeinschaft und Geselligkeit genutzt wird (vgl. Köster in: Dehmel et al. 2009: 47). Hier schließt sich die Frage des Verwertungshorizonts an: Geht es wie z. B. bei der (schulischen) Bildung eher um Bildung für die Zukunft, die Karriere oder um Bildung für die Gegenwart?

Bildung im Alter hat nicht immer eine solche Bedeutung und Aufmerksamkeit erfahren, wie aktuell. Ebenso wie sich der Blick auf das Alter(n) verändert hat, haben sich auch die Fragen nach dem Sinn und der Notwendigkeit, damit auch der Legitimation einer Bildung Älterer erst im Laufe der letzten Jahrzehnte entwickelt. Damit hängen auch Erkenntnisse aus unterschiedlichen Disziplinen zusammen, die z. B. die Bildungsfähigkeit bis ins hohe Alter aufzeigen (vgl. Friebe in: Kronauer 2010: 143; Dettbarn-Reggentin, Reggentin 1992a: 7). Nicht zuletzt aufgrund der sich zunehmend verlängernden nachberuflichen

Lebenszeit erfährt Bildung im Alter eine gesteigerte Bedeutung und Aufmerksamkeit (vgl. u.a. Kolland 2005: 5).

Im Zusammenhang mit dem Alter soll das Begriffsverständnis von Bildung hier einen ausdrücklichen Gegenwartsbezug ausdrücken:

> „Bildung wird nicht mehr in erster Linie als Vorbereitung auf ein Später begriffen, sondern als Möglichkeit, auf Bedürfnisse und Erwartungen der je gegenwärtigen Lebenssituation zu reagieren. Das bedeutet, dass sie in jeder Lebensphase einen Wert hat, nicht nur in der Phase der Kindheit und Jugend" (Kolland 2005: 5).

Weiter nimmt der Geselligkeitsaspekt in der Lebensphase des Alters einen hohen Stellenwert sein. Dabei kann Bildung ein Anlass für das Zusammenkommen und Erleben von Gemeinschaft sein:

> „Bildung heißt auch, Menschen zusammenzuführen, Situationen zu schaffen, in denen sich Menschen gegenseitig unterstützen und in denen sie – durch die geleistete Unterstützung – Aufgaben, Verantwortung und Sinn erfahren" (Kruse in: Dettbarn-Reggentin, Reggentin 1992a: 154).

Im Kontext von Altenbildung ist es generell sinnvoll, von einem weiten Begriffsverständnis von Bildung auszugehen, das den Lebenslauf mit in den Blick nimmt, denn dieser prägt das individuelle Bildungsverhalten:

> „Bildung erfordert eine Betrachtung des gesamten Lebensverlaufs. Bildung im Alter kann in zeitlicher Hinsicht nicht isoliert betrachtet werden, sondern ist abhängig und mitbestimmt von früheren Phasen der Bildungs- wie der Erwerbsbiografie. Vor allem vor dem Hintergrund einer solchen Lebenslaufperspektive ist es sinnvoll, von einem weiten Bildungsbegriff auszugehen" (BMFSFJ 2006: 144; vgl. Arnold in: Becker, Veelken, Wallraven 2000: 27).

Aus dem Grund soll folgende umfassende Zusammenführung sehr unterschiedlicher Aspekte zu einer Beschreibung von Bildung (im Alter) dienen:

> „Bildung beschreibt zum einen den Prozess der Aneignung und Erweiterung von Fähigkeiten, Fertigkeiten, Erfahrungen und Wissenssystemen in formalen und informellen Kontexten, zum anderen das Ergebnis dieses Prozesses" (ebd.: 144). „Bildung im Alter beschränkt sich nicht auf den Erwerb von Wissen und Qualifikationen, sondern umfasst auch Fähigkeiten, Fertigkeiten und Erfahrungen, die den kreativen Einsatz von Wissen im Sinne einer effektiven Auseinandersetzung mit aktuellen oder (potenziell) zukünftigen Aufgaben und Anforderungen fördern" (ebd.: 147).

Ergänzt werden soll hier die Ermöglichung von Teilhabe und Partizipation Älterer am gesellschaftlichen Geschehen durch Bildung (vgl. z.B. Köster in: Dehmel

et al. 2009: 47). Damit erhält Bildung im Alter auch eine Vergesellschaftungs-
funktion (vgl. ebd.). Um diese Ausführungen in einen Bezug zum kirchlichen Kontext zu setzen, wird folgende Definition kirchlicher Altenbildung angeführt:

> „Altenbildung [...] bezeichnet die Weiterentwicklung von vorhandenen und die
> Aneignung von neuen Fähigkeiten, Fertigkeiten und Interessen, die den Menschen
> ein selbstbestimmtes, selbständiges und sinnerfülltes Leben im Alter sowie die
> Teilhabe und Mitwirkung am gesellschaftlichen Leben ermöglichen. Mit ihrer Al-
> ten(bildungs)arbeit fördern die Kirchen eine humane Kultur des Alter(n)s, die auf
> der einen Seite durch die Leitperspektiven ‚Selbstbestimmung' und ‚Sinnerfüllung',
> ‚soziale Partizipation' und ‚Mitverantwortung für das Gemeinwesen' bestimmt ist.
> Auf der anderen Seite zeichnet sich eine solche Kultur dadurch aus, dass die End-
> lichkeit und Fragmentarität, Abhängigkeit und Hilfsbedürftigkeit menschlichen Le-
> bens wahrgenommen sowie solidarisch-rücksichtsvolles Handeln gestärkt wird"
> (Mulia 2011: 95; vgl. Kruse in: Klie, Kumlehn, Kunz 2009: 76-87).

Die hier vorgestellten Bedeutungshorizonte der Begriffe Inklusion, Alter/Altern
und Bildung bedienen sich verschiedener Formen und Möglichkeiten der Kategorisierung und Differenzierung. Diese mögen zwar in unterschiedlichen Zusammenhängen hilfreich und unumgänglich sein, doch soll darauf hingewiesen
werden, dass mit Formen der Kategorisierung, mit Differenzbildungen und
Schematisierungen sensibel und vorsichtig umgegangen werden sollte, denn
diese implizieren immer auch Gefahren einer Exklusion, z.B. von Menschen
oder Gruppen, die nicht von den entsprechenden Rastern erfasst werden. So ist
im Zusammenhang mit dem Denken in Schemata und Kategorien immer auch
die Frage nach dem Einschluss und Ausschluss, also nach den Inklusions- und
Exklusionsfunktionen eben dieser Ordnungs- und Differenzierungsformen zu
stellen.

Nun folgend wird die kirchliche Erwachsenenbildung bzw. Altenbildung in
der Praxis über unterschiedliche empirische Zugänge in den Blick genommen,
um eine Auseinandersetzung mit dem Thema diversitätsorientierter Altenbildung im kirchlichen Kontext zu ermöglichen. Dafür werden in einem ersten
Zugang Ergebnisse einer umfassenden Literaturanalyse summarisch präsentiert
(3), Befunde einer explorativen Programmanalyse pointiert zusammengefasst
(4), ausgewählte Institutionen aus dem Kontext kirchlicher Altenbildungsarbeit
vorgestellt (5.1) und Ergebnisse einer empirisch-qualitativen Analyse dieser
Einrichtungen und Initiativen dargelegt (5.2).

3 Empirischer Zugang I: Literaturanalyse

Um einen Zugang zu allgemeiner und kirchlicher Altenbildung mit dem Fokus auf die heterogene Zielgruppe älterer Menschen eröffnen zu können, bedarf es einer umfassenden Recherche im wissenschaftlichen, aber auch erfahrungspraktischen Kontext von Alter und Bildung. Dabei müssen unterschiedliche relevante Disziplinen in die Untersuchung einbezogen werden, wie z.b. die (Sozial-)Pädagogik, Erziehungswissenschaft, Psychologie, Soziologie, Gerontologie, (Sozial-)Geragogik und Andragogik mit teilweise überlappenden Bereichen, wie z.B. Lebenslanges bzw. Lebensbegleitendes Lernen oder Weiterbildung.

Als Orientierungsrahmen für die Recherche diente folgende Fragestellung:

Werden die Heterogenität der Gruppe Älterer und die Ausdifferenzierung der Lebensphase Alter in den Diskursen und der Umsetzung von Altenbildung berücksichtigt und wenn ja, wie?

Diese Frage differenziert nach dem Wissen und Bewusstsein über die Heterogenität der Zielgruppe Älterer auf der einen Seite und konkreten Handlungsformen und -ableitungen daraus auf der anderen Seite.

Für die Literaturanalyse wurde auch nach theoretischen sowie erfahrungspraktischen Informationen im religiösen Kontext gesucht. Da Altenbildung ein Teil der kirchlichen Altenarbeit bzw. Seniorenarbeit ist (vgl. EKD 2009; Mulia in: Erhardt, Hoffmann, Roos 2014: 7, 13), wurden die Begriffe Alten- und Seniorenarbeit im Kontext kirchlicher Publikationen in die Recherche eingeschlossen.

Insgesamt wurde recherchiert in Büchern, sowohl in Handbüchern mit überblicksartigem, einführendem Charakter sowie auch in vertiefender spezialisierender Literatur aus Forschung und Praxis, in Zeitschriften, die in verschiedenen Disziplinen das Thema Bildung im Alter behandeln und in Publikationen von bzw. über Institutionen der evangelischen und auch katholischen Kirche.

An dieser Stelle sei darauf hingewiesen, dass sich die Analyse der Literatur explizit in den Bereichen der Altenbildung bzw. Altersbildung und der Bildung Älterer allgemein bewegt. Es geht nicht um die Beschreibung der heterogenen Lebensphase des Alters, auch nicht um Altenhilfe, Seelsorge und diakonische/karitative Betreuung oder Pflege. Ebenso wurden Ausführungen zum Lernen und der Lernfähigkeit im Alter ausgeklammert. Intergenerationelle Themen wurden einbezogen, wenn die Heterogenität der Gruppe Älterer Erwähnung findet. Ebenso verhält es sich mit Informationen aus dem Kontext der allgemeinen Erwachsenenbildung, wenn explizit ältere Menschen benannt werden und die Ausdifferenzierung der Phase des Alters berücksichtigt wird, z. b. im Kontext allgemeiner Weiterbildung oder Lebenslangem Lernen.

Die Ergebnisse der Literaturanalyse können auf unterschiedliche Weise strukturiert und dargestellt werden: Zunächst können sie differenziert werden nach den didaktischen Dimensionen der Adressaten, Angebote, Organisationen und Professionellen. Eine Unterscheidung auf diesen Ebenen wurde für die Ergebnissicherung der Untersuchung genutzt. Eine weitere Möglichkeit ist die Unterscheidung nach Literaturgattungen und zwar nach den Bereichen allgemeiner und Disziplinen übergreifender theoretischer und erfahrungspraktischer Literatur zum einen und auf der anderen Seite nach Literatur von der Kirche, wissenschaftlicher Literatur über kirchliche Bildungsarbeit sowie Publikationen von kirchlich getragenen Einrichtungen, die Altenbildung anbieten.

Bei der Sichtung der Ergebnisse zeigte sich, dass sich in allen Literaturgattungen ähnliche Themenblöcke herauskristallisieren, die sich grob auf didaktischen Ebenen verorten lassen, wenngleich einige Themen mehrere Ebenen betreffen und die Grenzen nicht immer ganz trennscharf sind. Daher scheint die Ergebnisdarstellung anhand der folgenden didaktischen Ebenen sinnvoll:

1. Adressatenebene (3.1)
2. Angebotsebene (3.2)
3. Organisationsebene (3.3)
4. Professionsebene (3.4)

Innerhalb dieser Ebenen werden die Informationen weiter differenziert nach Ergebnissen aus den unterschiedlichen Literaturgattungen, gemeint sind immer Bücher und Zeitschriften gleichermaßen. Die Ergebnisse ähneln sich prinzipiell in allen Literaturgattungen, wo Unterschiede und Besonderheiten vorliegen, wird in der folgenden Analyse darauf hingewiesen.

Allgemein kann festgehalten werden, dass die theoretischen Publikationen die Themen überwiegend in die Tiefe gehend, breit und kontextuiert aufschlüsseln. Die Zeitschriften sind in der Regel inhaltlich übersichtlich(er), ähnlich den Handbüchern kurz und pointiert gehalten und zum Teil der Erfahrungspraxis zuzuordnen. Die kirchliche Literatur übernimmt die Tendenzen und Entwicklungen aus der allgemeinen theoretischen Literatur und ergänzt die Ausführungen und Erkenntnisse um den religiösen, theologischen Aspekt. Sie zieht für sich relevante Informationen und (Forschungs-)Ergebnisse aus den theoretischen und praxisorientierten Publikationen heraus und nutzt sie für sich.

Die Handbücher liefern überblicksartige, zusammenfassende und mit anderen Themen und Disziplinen verknüpfende Informationen und zeigen Entwicklungen auf, z.B. die Entwicklung der Altenbildung allgemein oder die Entwicklung von der Defizitorientierung zur Orientierung an Kompetenzen und Ressourcen Älterer (vgl. z.B. Klingenberger 1996; Aner, Karl 2010; Becker, Veelken, Wallraven 2000; Kruse, Martin 2004). Die vertiefende Literatur behandelt spezielle Themen theoretisch und/oder praxisbezogen und bietet detaillierte Informationen, z.B. zum Studium und zur Weiterbildung Älterer (vgl. Lehr, Schmidt-Scherzer, Quadt 1979; Kolland 2000), zu kultureller Bildung (vgl. de Groote 2013; Keuchel, Wiesand 2008; de Groote, Fricke 2010) oder über neue Medien (vgl. Gehrke 2008; Schneider 2004).

Die Ergebnisse der Recherche werden nun folgend differenziert nach didaktischen Ebenen vorgestellt und analysiert.

3.1 Ergebnisse der Recherche auf der Adressatenebene

Auf der Adressatenebene wurden bei der Literaturanalyse insgesamt die meisten Informationen zur Frage gefunden, ob und wie die Heterogenität der Gruppe Älterer Beachtung findet, jedoch sind die Ergebnisse sehr vielschichtig und auf unterschiedlichen Ebenen zu verorten.

Vor allem in älteren Publikationen aller Gattungen wird im Kontext der Altenbildung oft sehr allgemein von DER Zielgruppe Älterer oder DEN alten Menschen gesprochen, die aufgrund ihrer Biografie, ihrem „biografischen Gewordensein" (Anding 2002: 54) zwar einen großen Erfahrungsschatz hätten, wirklich ausdifferenziert werden die Gruppe Älterer und deren Lebenslagen jedoch weniger (vgl. z.B. Goeken 1978: 14). Je neuer die allgemeinen und kirchlichen Publikationen sind, desto mehr tritt die Ausdifferenzierung der Lebenslagen im Alter in den Blick (vgl. z.B. Klingenberger 1996: 18; Kruse, Wahl 2010: 269; Heidenreich 2012: 183; EAfA 2012; Heetderks, Kleint 2014: 8; EKD 2009: 71f.; Siebert 2011: 3f.). Betont wird dabei an einigen Stellen, dass eine Einordnung der Lebensphase des Alters anhand eines bestimmten kalendarischen Alters nicht sinnvoll sei (vgl. Anding 2002: 66; Klie 2013: 261; Friebe, Jana-Tröller 2008: 26f.; Malwitz-Schütte 2006: 20). Kalbermatten plädiert daher für eine „Bildung ohne Altersgrenzen" (Kalbermatten in: Kruse 2008: 191).

Die zunehmende Erwähnung der Heterogenität der Gruppe Älterer in den Publikationen hängt zum einen mit den demografischen Entwicklungen zusammen, denn erst seit einigen Jahrzehnten verlängert sich die nachberufliche Phase stetig und sind die Möglichkeiten der Ausdifferenzierung dieser Phase verfügbar. Zum anderen hat sich der Blick auf Ältere – auch in der Altenbildung – weg von einer Defizit-, hin zu einer Ressourcen- und Kompetenzorientierung verändert (vgl. z.B. Arnold in: Becker, Veelken, Wallraven 2000: 16-32; Klingenberger 1996: 97; Olbrich in: Dettbarn-Reggentin, Reggentin 1992a: 53 ff.). Mit dem Fokus auf die Ressourcen Älterer hat sich auch die Perspektive auf den Lebenskontext ausgeweitet (vgl. Arnold in: Becker, Veelken, Wallraven 2000: 28). Dabei wird nicht nur der aktuelle Lebenskontext Älterer in den Blick genommen, sondern auch deren Biografie, also „die ganze Lebensspanne" (Knopf in: Bergold et al. 1999: 13).

Doch was sind Faktoren der Differenzierung der Lebensphase Alter? Im Handbuch zur Altenbildung (Becker, Veelken, Wallraven 2000) werden die Unterscheidungskriterien wie folgt zusammengefasst: lerngewohnte und bildungsferne bzw. lernungewohnte Schichten, Bildungsniveau, Einkommen, Geschlecht, Kohortenspezifität, Schichtzugehörigkeit, junge Alte, alte Alte, Hochaltrige, Singularisierte, Kinderlose, Aktive, Inaktive, Lebensstile und Milieus (vgl. Arnold in: ebd.: 26). Ergänzt werden hier die Beziehungen und Netzwerke, in die Ältere eingebunden sein können, weiter auch gesellschaftliche Faktoren, die Konstitution Älterer in physischer und psychischer Hinsicht sowie deren Auswirkungen, was z.b. Mobilität und Partizipationsmöglichkeiten angeht (vgl. u.a. Kade in: Bergold et al. 1999: 135; Bubolz-Lutz 1984: 25).

Ein weiteres Thema, welches im Zusammenhang mit der Lebenswelt und den Lebensbedingungen Älterer steht und das in allen Gattungen der Literatur angesprochen wird, ist das des Milieus (allgemein vgl. z.b. Rosenmayr, Böhmer 2003: 2010; Nuissl in: Tippelt et al. 2009: 7; Petzold, Horn, Müller 2011: 246, 254; Kolland 2005: 115; Siebert 2011: 3; Tippelt, Reich-Claassen 2010: 16) (in kirchlicher Literatur vgl. z.b. Hartmann in: Heetderks 2011: 27; Heetderks 2011: 72 ff.; Schulz, Hauschild, Kohler 2010: 183 f.; EKD 2009: 77 f.).

Diese Faktoren wirken sich in ihrer Summe und Kombination auf ältere Menschen sehr unterschiedlich, doch immer lebensbestimmend aus und beeinflussen daher auch deren Bildungsverhalten, was folgende Ausführungen zeigen.

3.1.1 Zum Bildungsverhalten älterer Menschen

Die Summe und das Zusammenspiel der individuellen Entwicklungen und Erfahrungen, der Ausbildung und Sozialisation, also des biografischen privaten und beruflichen Hintergrundes in Kombination mit den Rahmenbedingungen der Gesellschaft, ergeben die aktuelle Lebenslage eines (älteren) Menschen. Diese Lebenslagen haben sich, wie bereits erwähnt, stark ausdifferenziert und bringen je spezifische Bedürfnisse und Bedürftigkeiten der Menschen mit sich, so auch das Bedürfnis und der Wunsch nach Bildung:

> „Zunehmend setzt sich in der Altenbildungsforschung die Erkenntnis durch, dass die Teilnehmer/innen an Bildungsprozessen im mittleren und höheren Alter sowohl hinsichtlich ihrer sozio-demografischen Merkmale sehr heterogen sind als auch in ihren Motivationslagen und den sich daraus ergebenden Bedürfnissen" (Kolland 2005: 109).

Gleichzeitig formt dieser Hintergrund und Kontext auch Bildungsvoraussetzungen, Bildungsmotive aber auch -barrieren. Aus dem biografischen Hintergrund in Kombination mit den aktuellen Lebensbedingungen ergibt sich also das Bildungsverhalten Älterer (vgl. u.a. Bau 1986: 67), das zum einen auf der Ebene der Bildungsmotive und -barrieren, aber auch der Bildungsnähe bzw. -ferne Älterer verortet werden kann. Diese Bereiche sind Differenzierungsfaktoren der Zielgruppe Älterer, damit für die Analyse relevant und sowohl in der theoretischen und erfahrungspraktischen, wie auch, wenn auch in geringerem Ausmaß, der kirchlichen Literatur zu finden (vgl. z.B. Becker, Veelken, Wallraven 2000: 23; Kade 1994: 8f.). Dabei muss betont werden, dass Bildungsnähe und -ferne nicht altersspezifisch, sondern bei allen Altersgruppen der Bevölkerung vorzufinden sind, doch durchaus recht neue Themen in der Altenbildung darstellen (vgl. z.B. Becker, Veelken, Wallraven 2000: 23). Ebenso verhält es sich mit den Bildungsmotiven und -barrieren Älterer, die in allen Gattungen der Literatur erwähnt werden (vgl. z.B. Klie 2013: 261; de Groote 2013: 26, 40ff.; Kuwan in: Eckert et al. 2011: 387f.; Nuissl in: Eckert et al. 2011: 404ff.; Hinze 2002: 175, 183; Karl 2009: 98). Bildungsmotive und -barrieren sind bei der Gruppe Älterer jedoch spezifischer und unterscheiden sich von anderen Altersgruppen, z.B. was Mobilität, die Themen oder die Zusammensetzung von (Lern-)Gruppen angeht. Die Bildungsnähe eines Menschen resultiert aus der Kumulation von Bildung flankierenden und beeinflussenden Faktoren im Lebenslauf, wobei Ältere meist besonders stark von kumulierten benachteiligenden Faktoren betroffen sind (vgl. Friebe, Jana-Tröller 2008: 26; Pichler 2012: 10). Mit beiden Bereichen – Bildungsmotiven und -barrieren (vgl. auch Leipold 2012: 2011f.; Friebe 2010a: 60) sowie bildungsnahen und -fernen, auch als bildungsgewohnte/-ungewohnte Menschen bezeichnet (vgl. auch Kalbermatten in: Kruse, Martin 2004: 119; Becker, Veelken, Wallraven 2000: 23) – setzen sich die allgemeine erfahrungspraktische und kirchliche Literatur auseinander, da es in Bezug auf diese Bereiche auch um die Gewinnung und Ansprache der älteren Menschen als Teilnehmende von Veranstaltungen geht.

Zum Bildungsverhalten Älterer ist laut Kolland ergänzend „auf den Unterschied zwischen Bildungsfähigkeit und Bildungswille hinzuweisen" (Kolland in: Rosenmayr, Böhmer 2003: 208), also die Entscheidungsfreiheit älterer Menschen für oder gegen eine Teilnahme an Bildungsangeboten (vgl. Bergold, Knopf, Mörchen 1999: 60f.).

3.1.2 Differenzierungsmöglichkeiten der Lebensphase Alter

Die Phase des Alters umfasst heute nicht selten mehrere Jahrzehnte. Das hat zur Folge, dass sich unterschiedliche Generationen Älterer in dieser Phase befinden, die je eigene Lebenslagen aufweisen (vgl. Kolland 2012: 21; Schmidt, Tippelt

2009: 75). Ein Differenzierungsversuch dieser Phase ist die Unterscheidung in das dritte und vierte Lebensalter. Diese Differenzierung geht vor allem auf Peter Laslett (u.a. 1995) zurück. Er unterscheidet vier Lebensalter, die jedoch nicht trennscharf nach einem kalendarischen Alter definiert werden (vgl. Laslett 1995: 261-284). Prinzipiell wird auf die ersten beiden Lebensphasen folgend mit dem dritten Lebensalter der Eintritt in die nachberufliche/nachfamiliäre Phase bezeichnet, in der die Menschen über eine in der Regel gute gesundheitliche Konstitution verfügen, sich einbringen wollen und nicht mehr fremdbestimmt durch den Beruf sind. Sie sind eher engagementorientiert, wollen ihre Ressourcen, Interessen und Potenziale einbringen und mit anderen teilen (vgl. Roos in: Erhardt, Hoffmann, Roos 2014: 28; Mulia 2011: 31). Dagegen ist die vierte Lebensphase vor allem durch altersbedingte Verlusterscheinungen geprägt. Dieser Phase werden oft auch hochaltrige Menschen zugeordnet. Menschen im vierten Alter sind meist zunehmend auf Hilfe von außen angewiesen und verhalten sich in Bildungsveranstaltungen eher konsumorientiert (vgl. ebd.).

Diese Differenzierungsmöglichkeit wird an unterschiedlichen Stellen auch in allen Gattungen der Literatur erwähnt (vgl. u.a. de Groote, Fricke 2010: 27; Müller in Seiverth, DEAE 2002: 507; ELKB 2004: 35f.; Bubolz-Lutz et al. 2010: 38). Die Evangelische Kirche hat durch die Herausgabe von Leitlinien einer Bildung im dritten und vierten Lebensalter ihren Standpunkt diesbezüglich, aber auch im Hinblick auf die Ausdifferenzierung der Lebensphase des Alters deutlich gemacht (vgl. Evangelische Landesorganisation für Erwachsenenbildung in Hessen 2001: 12). Auch die Katholische Kirche hat sich dahingehend positioniert (vgl. KBE 2012; KBE 2003).

Weitere Bezeichnungen für das dritte und vierte Lebensalter mit ähnlichen Intentionen sind die Begriffskombinationen „junge Alte" und „alte Alte" (vgl. z.B. Lottmann 2013: 99; Sommer, Künemund, Kohli 2004: 67f.), die aber weniger Verwendung finden, vor allem aufgrund negativer Assoziationen, die diese Bezeichnungen mitunter hervorrufen können, und der damit verbundenen Gefahr der möglichen Exklusion Älterer (vgl. Hinze 2002: 153).

Es gibt auch Versuche einer Dreiteilung der nachberuflichen Lebensphase:

> „Wir unterscheiden mindestens drei Altersgenerationen, für die sich unterschiedliche Anforderungen in differenzierten Praxisfeldern der Bildungsarbeit/ Seniorenarbeit/ Altenarbeit ergeben: 1. Die sogenannten jungen Alten […], 2. Die rüstigen und aktiven Älteren […], 3. Die hochbetagten Alten" (Müller in: Seiverth, DEAE 2002: 507). Weiter ist folgende Unterteilung zu finden: „Junge Alte (55–64 Jahre), mittlere Altersgruppen (65–74) und betagte Menschen (75 und älter)" (Friebe, Jana-Tröller 2008: 26f.).

Bisher hat sich diese Dreiteilung gegenüber der Zweiteilung in der Literatur weder in der allgemeinen theoretischen und erfahrungspraktischen, noch der kirchlichen Literatur wirklich durchgesetzt und findet daher eher wenig Verwendung. Basierend auf dem Ziel, die unterschiedlichen Bedürfnisse älterer Menschen in Bildungsangeboten zu erfassen, können diese Differenzierungsmöglichkeiten – wenngleich sie auch wieder eine Form der Kategorisierung sind – trotzdem unterschiedliche Bedürftigkeiten und Bedürfnisse älterer Menschen abbilden und daher in der Planung und Durchführung von Altenbildungsangeboten hilfreich sein. Das zeigt neben weiteren Ergebnissen das folgende Kapitel.

3.2 Ergebnisse der Recherche auf der Angebotsebene

Die Ergebnisse der Recherche auf der Angebotsebene können unter anderem differenziert werden nach dem theoretischen Rahmen und Orientierungen in der Planung und Durchführung von Altenbildungsangeboten auf der einen und nach der konzeptionellen Rahmung von Angeboten und Aktivitäten auf der anderen Seite.

3.2.1 Theoretischer Rahmen und Orientierungen in der Angebotsgestaltung

Die Planung und Gestaltung von Aktivitäten für und mit älteren Menschen ist abhängig von den jeweils aktuell geltenden Orientierungen und Handlungsmaximen in der allgemeinen und auch kirchlichen Altenbildungsarbeit. Daher spielt die Entwicklung der Altenbildung in den letzten Jahrzehnten eine wichtige Rolle. Diese lässt sich in aller Kürze wie folgt zusammenfassen:

- 50er und 60er: Sozialpädagogisierung des Alters: Alte als Problemgruppe, Lebenshilfe nötig, auch in Form von Bildung, Defizitorientierung
- 70er: Ausweitung und Politisierung der Erwachsenenbildung entlang des Lebenslaufs: Ältere als benachteiligte Gruppe, immer noch defizitorientiert
- 80er: Mehrdimensionalität und Pluralisierung der nun als Senioren bezeichneten älteren Menschen, Ausdifferenzierung und Vielfalt kommen in den Blick, zunehmend Orientierung an Ressourcen
- 90er: Produktivität und Kreativität stehen im Vordergrund, Ressourcen-, Kompetenz- und Potenzialorientierung
- Zukünftig: nachwachsende Jahrgänge mit viel Weiterbildungsbedarf, Bildungs- und Mitgestaltungswille (vgl. Arnold in: Becker, Veelken, Wallraven 2000: 15-38; Himmelsbach 2009: 23 ff.; Kade 2007: 57 ff.).

Diese Entwicklungen und die damit zusammenhängenden Orientierungen in der Altenbildungsarbeit zeigen verschiedene Bildungsansätze auf, die je darauf abzielen, die Zielgruppe zu erreichen. Die Entwicklung weg von der Defizit-, hin zu einer Kompetenzorientierung muss in diesem Kontext genannt werden (vgl. z.B. Olbrich in: Dettbarn-Reggentin, Reggentin 1992a: 53 ff.; Klingenberger 1996: 97). So werden auch bei Anbietenden der Altenbildung, wie auch im fachlichen Kontext der Altenbildung das Bewusstsein und die zunehmende Beachtung der Ausdifferenzierung der Zielgruppe deutlich, z.b. wird von einer zunehmenden Zielgruppenorientierung in Bezug auf Bildungsnahe und -ferne, Ältere direkt nach der Berufsaufgabe oder Hochaltrige auf der einen Seite und auf der anderen Seite von einer TeilnehmerInnenorientierung in allen Gattungen der Publikationen gesprochen (vgl. z.b. Malwitz-Schütte 2006: 2; Kolland in: Bubolz-Lutz et al. 2010: 123), jedoch immer mit dem Hinweis auf Gefahren der Exklusion durch eine zu enge Zielgruppenorientierung (vgl. ebd.).

In diesem Kontext wird auch von differentieller Bildung und Didaktik gesprochen:

> „Um der Vielfalt der Lebenslagen und Lebensläufe in der zweiten Lebenshälfte gerecht zu werden, wird in Bezug auf die Gestaltung von Bildungsarbeit mit älteren und alten Menschen von einer ‚differenziellen Bildung' [...] gesprochen. [...] Der Ansatz einer ‚differenziellen Bildung' innerhalb der Geragogik meint, Bildungsarbeit auf die individuellen Voraussetzungen, Bedürfnisse und Motivationslagen der Lernenden abzustimmen beziehungsweise Lernarrangements bereitzustellen, in denen die Unterschiedlichkeit der Akteure zum Tragen kommt: nicht als ein Störfaktor, sondern als eine akzeptierte Voraussetzung und mehr noch – als eine Anregung, um aus der Differenz zu lernen" (Bubolz-Lutz et al. 2010: 129; vgl. de Groote 2013: 177; Papadopoulos 2012: 37).

3.2.2 Konzeptionelle Rahmung von Angeboten für die heterogene Zielgruppe

Neben den Entwicklungen der gerade genannten Orientierungen haben die Angebotsformen ebenfalls einen Wandel durchlaufen und lassen Rückschlüsse auf die Ausdifferenzierung der Lebensphase Alter und deren Beachtung in der Literatur zu.

> „Ausgehend von gesellschaftlichen Veränderungen wie dem demographischen Wandel und der Flexibilisierung von Lebensläufen ist die Weiterbildung diesen Entwicklungen anzupassen. Allgemeine und standardisierte Angebote allein können den Erfordernissen nicht mehr entsprechen, weil sie in zunehmendem Maß einer heterogenen Zielgruppe gegenüberstehen" (Schulte, Zirkler 2008: 66).

So haben sich neben den eher konsumorientierten Angeboten neue, partizipative und innovative Formen der Altenbildung entwickelt, was vor allem in erfahrungspraktischen Publikationen festgehalten wird (vgl. Asbrand et al. 2006;

Engels, Braun, Burmeister 2007; Dettbarn-Reggentin, Reggentin 1992b; Kade 2001), wie auch in Ansätzen in kirchlicher Literatur (vgl. Heetderks 2011; EKD 2009; Nell in: EAfA 2004: 30). Diese Veröffentlichungen werden zum Teil mit weiterführenden Informationen, Erfahrungswissen und Forschungsergebnissen aus Projektevaluationen und bereits umgesetzten neuen Altenbildungsangeboten unterfüttert (vgl. z.B. EAfA 2006; Heetderks 2011; Engels, Braun, Burmeister 2007; Erhardt, Hoffmann, Roos 2014).

Wichtig sind jedoch, das wird vor allem in der kirchlichen Literatur benannt, die Mischung von Angebotsformen und das sich gegenseitig ergänzende Angebot von traditionellen und innovativen neuen Formen (vgl. auch Kade 2007: 59).

> „Alt' ist nicht gleich ,alt'. Es gibt ein zunehmend weiteres Spektrum an Lebensentwürfen, an sozialen Wohnformen, Lebenslagen und individuellen Bedürfnissen in der zweiten Lebenshälfte. So vielfältig, wie diese sind, so wird sich auch die Alten und Seniorenarbeit auffächern müssen und neue Facetten, neue Formen und neue Schwerpunkte hervorbringen. Wenn Kirche und Diakonie ihrem Auftrag gemäß nahe bei den Menschen sein und sie in Glaubens- und Lebensfragen begleiten wollen, müssen sie den Menschen etwas bieten, was zu ihrer Lebenssituation als Ältere im 21. Jahrhundert passt" (Evangelischer Oberkirchenrat in Karlsruhe 2013: 5; vgl. Hoffmann in: Erhardt, Hoffmann, Roos 2014: 151 f.).

Insgesamt geht es also um die Frage, wie man die unterschiedlichen älteren Menschen erreichen und ihre Bedürfnisse erfassen kann. Neue Formen der Altenbildung scheinen vonnöten zu sein, um die verschiedenen Gruppen Älterer zu erreichen. In diesem Zusammenhang geht es auch die Beteiligung, die Partizipation älterer Menschen bis hin zu einer Selbstorganisation ihrer eigenen Aktivitäten. Dieses Thema ist in allen Gattungen der Literatur zu finden: „Die Altenarbeit der Zukunft ist eine Altenarbeit von, mit und für alte Menschen" (Hoffmann in: Erhardt, Hoffmann, Roos 2014: 16; vgl. auch Sommer, Künemund, Kohli 2004; Weber 2013: 41; Köster, Schramnek, Dorn 2006: 69). Dabei spielen auch neue Formen des ehrenamtlichen Engagements eine Rolle (vgl. Roos in: Erhardt, Hoffmann, Roos 2014: 52).

Besonders in der allgemeinen theoretischen Literatur wird in diesem Kontext von Ermöglichungsstrukturen und einer Ermöglichungsdidaktik gesprochen (vgl. u.a. de Groote 2013: 55ff.; Bubolz-Lutz et al. 2010: 132-135). Diese beschreiben vorgegebene Rahmen und Strukturen von Seiten der Bildungsanbietenden – hier der Kirche – für Aktivitäten der Altenbildung mit unterschiedlichem Grad der Selbstorganisation und Partizipation (vgl. ebd.; Heetderks, Kleint 2014: 8 f.; Zentrum für zivilgesellschaftliche Entwicklung (zze) et al. 2012: 49). Durch die Bereitstellung von Ermöglichungsrahmen können auf freiwilliger Basis der Teilnehmenden Selbstorganisation, Partizipation, Gemeinschaft und Austausch stattfinden und so die heterogenen Bedürfnisse der ausdifferenzierten Zielgruppe viel eher erfüllt werden.

Die kirchliche Altenbildungsarbeit hat sich hier durchweg an den Entwicklungen der relevanten wissenschaftlichen Disziplinen orientiert und daher sind die Ergebnisse der Recherche in kirchlicher Literatur ähnlich denen der allgemeinen theoretischen und erfahrungspraktischen.

Auch der Bereich der Altersbilder wird auf der Angebotsebene bei der Planung und Umsetzung von Aktivitäten mit Älteren angeschnitten. Diese haben sich zwar ebenfalls im Laufe der hier beschriebenen Entwicklungen verändert, transportieren und beinhalten jedoch immer noch oft eher negative Vorstellungen vom Alter und Altern bei allen Altersgruppen. Diese negativ behafteten Bilder bedürfen daher der Reflektion und Veränderung, was in allen Literaturgattungen gefordert wird (vgl. Huber 2006; Heetderks, Kleint 2014: 8, 29; Köster, Schramnek, Dorn 2008: 19 f.; Tippelt, Schmidt 2009: 202).

3.3 Ergebnisse der Recherche auf der Organisationsebene

Für die Organisationsebene ist ganz besonders auch die theoretische Rahmung der Altenbildung, wie in 3.2.1 dargestellt, von Bedeutung, da die Entwicklungen der Altenbildung mit den unterschiedlichen Orientierungen und Umgangsweisen mit Alter, Altern und älteren Menschen auch diese Ebene stark beeinflussen. So haben sich auch bei den Einrichtungen und Organisationen analog der allgemeinen Entwicklung der Altenbildung die Sicht auf das Alter und Altern verändert, was in sowohl kirchlicher (vgl. z.B. EKD 2009: 76) als auch in allgemeiner theoretischer (vgl. z.B. Arnold in: Becker, Veelken, Wallraven 2000: 16-32), weniger in erfahrungspraktischer Literatur abgebildet ist. Hier spielen Stichworte wie „Adressatenorientierung" und „Zielgruppenorientierung" (Bastian et al. 2004: 49) eine besondere Rolle, welche sich neben der Angebots- auch auf die Organisationsebene und die Ebene der Professionellen auswirken.

Der menschliche, quasi soziale Blick von Organisationen auf den Menschen mit seinen Anliegen und Bedürfnissen, also gewissermaßen ein diakonischer Aspekt, tritt bei der kirchlichen Literatur deutlich in den Vordergrund (vgl. u. a. Erhardt, Hoffmann, Roos 2014; EKD 2009). So hat sich auch auf der kirchlichen Organisationsebene ein Wandel von der pflegenden und defizitorientierten Altenarbeit, hin zu einer Orientierung an dem Individuum mit seiner Biografie, mit den Zielen der Partizipation und – wie bereits beschrieben – des Einbezugs Älterer in die Planung und Gestaltung von Bildungsangeboten vollzogen.

In diesem Kontext hat in der institutionellen Praxis eine umfassende Veränderung in der Angebotsstruktur, eine Ausdifferenzierung und Erweiterung von Formen, Themen und Inhalten stattgefunden – eine notwendige Veränderung, die auch auf die Ausdifferenzierung der Lebensphase des Alters zurückzuführen ist. Diese Entwicklung zeigt sich vor allem in der allgemeinen (vgl. Nittel 2007: 19; Kricheldorff in: Aner, Karl 2010: 99) und ganz besonders in der kirchlichen Literatur (vgl. Mulia in: Erhardt, Hoffmann, Roos 2014: 8; EAfA 2012; Heetderks, Kleint 2014: 8), in der eine zunehmend breite Palette an Angeboten und Angebotsformen verzeichnet wird (vgl. Seitter 2013; EKD 2009: 71 f.).

Ein weiteres Themenfeld in den Ergebnissen der Literaturanalyse umfasst neue Medien, die in Bezug auf die heterogene Zielgruppe Älterer Chancen und Herausforderungen eröffnen. Dabei ist das Thema auf mehreren Ebenen von Bedeutung: Zum einen können neue Medien auf der Organisationsebene eingesetzt werden, z.B. zur Öffentlichkeitsarbeit, für Werbung und Anmeldemodalitäten, etc. Dies spielt vor allem in selbstorganisierten Formen der Altenbildung eine bedeutende Rolle, wenn z.B. Plattformen im Internet für die Organisation von Initiativen genutzt werden. Eine weitere Ebene ist die Nutzung neuer Medien in den Angeboten und Aktivitäten, z.B. zur Kompensation möglicher altersbedingter Einschränkungen oder zur Bereicherung von Angeboten mit neuen Darstellungs- und Präsentationsmöglichkeiten. Auf einer dritten Ebene können neue Medien der Bildungsanlass sein und zum Thema gemacht werden, z.B. in Computerkursen oder Angeboten zum Internet (vgl. Gehrke 2008).

Generell können mittels neuer Medien Raum- und Zeitdistanzen überwunden werden. Damit hängt auch eine Ausweitung der Lernorte, z.B. auf die Wohnung älterer Menschen, neben den traditionellen (kirchlichen) Räumen und Orten der Altenbildung zusammen (vgl. Bubolz-Lutz in: Bergold, Knopf, Mörchen 1999: 161).

Die heterogenen Bedürfnisse älterer Menschen in Bezug auf Bildung und Partizipation können in diesen genannten Bereichen durch den Einsatz neuer Medien insgesamt viel eher erfasst und auch alterstypische Lebenslagen mehr berücksichtigt werden, jedoch müssen alle Beteiligten offen für den Umgang mit neuen Medien und der Technik sein. In der Literatur, vor allem in theoretischen und erfahrungspraktischen Publikationen, wird daher auf die besondere Beziehung Älterer zu neuen Medien hingewiesen (vgl. Gehrke 2008; Schneider 2004; Malwitz-Schütte 2006: 21; Projektgruppe Bildung im Internet 2006: 7, 14). Kirchliche Literatur erfasst diesen Themenbereich bisher weniger.

Ein weiteres umfangreiches Thema auf der Organisationsebene ist der Bereich des Ehrenamts sowie Formen und Möglichkeiten der Partizipation Älterer, für die Organisationen in Rückgriff auf die Ermöglichungsdidaktik die Rahmen und Einsatzfelder gestalten und ermöglichen. Dieser Bereich wird in allen Literaturgattungen erwähnt, jedoch am häufigsten in der erfahrungspraktischen allgemeinen (vgl. Sommer, Künemund, Kohli 2004) und erfahrungsbezogenen kirchlichen Literatur (vgl. z.B. Heetderks 2011). So werden z.B. neue Formen des Ehrenamts vorgestellt, wie beispielsweise Keywork (vgl. Nell in: Heetderks

2011; Knopp, Nell 2007; Heetderks, Kleint 2014: 47ff.) oder neue Funktionen und Aufgaben für Ältere, z.B. als BeraterIn oder MultiplikatorIn (vgl. Heetderks, Winter in: Heetderks 2011; Zeuner in: Fatke, Merkens 2006: 303ff.), in denen sie ihr Erfahrungswissen einbringen und weitergeben können (vgl. auch EAfA 2006). Diese Beispiele zeigen die unterschiedlichen Ebenen und Formen für freiwilliges Engagement Älterer auf. So haben sich zum Teil auch schon die entsprechenden Strukturen auf der Organisationsebene verändert und den heterogenen Wünschen und Bedürfnissen der Älteren angepasst, was an vielfältigen kirchlichen und allgemeinen Programmen, Beispielen und Projekten deutlich wird (vgl. z.B. Seitter 2013; EAfA 2006).

Allgemein wird in allen Gattungen der Literatur, besonders aber in praxisbezogenen Publikationen darauf hingewiesen, wie wichtig die Vernetzung und der Einbezug aller an der Altenbildung beteiligten Akteure für eine gelingende Altenbildungsarbeit ist (vgl. z.B. Böhmer 2000: 11; EKD 2009: 77, 90f.). Das Thema der Vernetzung erfährt in der Literatur auch auf der Professionsebene einen hohen Stellenwert.

3.4 Ergebnisse der Recherche auf der Professionsebene

Die Professionsebene ist ebenso wie alle anderen Ebenen geprägt von der je aktuell vorherrschenden Sicht auf das Alter und den Kontextfaktoren von Altenbildung, damit auch von den Entwicklungen, die bereits in den vorherigen Ausführungen aufgezeigt wurden. Mit der Sicht auf das Alter und der Wertschätzung von Altenbildung hängen auch Altersbilder zusammen und zwar die der Professionellen, der Älteren selbst und auch aller anderen Altersgruppen. Laut der allgemeinen theoretischen und erfahrungspraktischen, wie auch kirchlichen Literatur ist es wichtig, dass in der Altenbildung Tätige um die Funktion von Altersbildern und deren Auswirkungen auf alle Altersgruppen, besonders aber auf ältere Menschen wissen (vgl. Hildebrandt, Kleiner in: Kleiner 2012: 15ff.). Dabei ist es auch notwendig, die eigenen Altersbilder und Vorstellungen vom Alter und Altern kritisch zu hinterfragen und zu reflektieren. Dies kann in entsprechenden Schulungen für Professionelle aufgegriffen werden (vgl. Tippelt, Schmidt in: Tippelt et al. 2009: 200; EKD 2009: 6; Iller 2012: 7).

In allen Gattungen der Literatur wird die Forderung nach der Qualifizierung und Schulung von sowohl professionell aber auch ehrenamtlich in der Altenbildung Tätigen gestellt, um das entsprechende Wissen über die heterogene Zielgruppe und die Besonderheiten der Bildung Älterer zu vermitteln:

> „Die Professionelle Fachkraft muss sich über ihre eigene Stellung bei der Arbeit und die Lebensbedingungen, Ansprüche, Problembereiche und kulturellen Zusammenhänge der Senioren bewusst werden" (Bögge 2009: 24).

Es geht also auch um die Kompetenz, die individuellen Voraussetzungen, Bedürfnisse und Motivationen der teilnehmenden Personen in Erfahrung bringen zu können (vgl. ebd. 31; Veelken 1990: 175). Hier findet ein Rückgriff auf die Ausdifferenzierung der Lebensphase des Alters in unterschiedliche Phasen statt, wie z.B. in das dritte und vierte Lebensalter (vgl. z.B. Veelken 1990: 181; ELKB 2004: 35f.). Nuissl spricht in diesem Kontext auch von alterssensiblem Agieren (vgl. Nuissl in: Staudinger, Heidmeier, Kocka 2009: 100; de Groote 2013: 176). Hier werden die Beachtung und der Umgang mit der Heterogenität der Zielgruppe deutlich, die auch Herausforderungen mit sich bringen: „Es ist für den Altenbildner ein großes Problem, den Unterricht auf eine heterogene Lerngruppe abzustellen" (Schneider 1993: 92). Neben dem Wissen über die Besonderheiten der Zielgruppe Älterer in der Bildungsarbeit geht es also auch um die entsprechenden Kompetenzen und Kenntnisse über Methoden, die Professionelle in Angeboten und Aktivitäten einsetzen, um letztendlich auch eine Inklusion älterer Menschen in die Angebote erzielen zu können. Dieser Punkt bezieht sich auf die Organisations-, die Angebotsebene und die der Professionellen:

> „Inklusion, verstanden als didaktischer Ansatz zur Bewältigung von gesellschaftlicher Diversität und der Heterogenität in Lerngruppen, bezieht sich sowohl auf die Makrodidaktik (die Planung von Lernangeboten) als auch auf die Mikrodidaktik. Dies erfordert für die Lehrenden und Planenden, Prinzipien inkludierenden, professionellen Handelns anzuwenden" (Kil in: Burtscher et al. 2013: 252).

Die Empfehlung für innovative und zeitgemäße Schulungen und Qualifizierungen für Professionelle ist in allen Literaturgattungen festgehalten, vor allem aber in allgemeinen erfahrungsbezogenen (vgl. z.B. Bubolz-Lutz et al. 2010: 122; Bau 1986: 100; Karl in: Aner, Karl 2008: 162; Köster, Schramnek, Dorn 2008: 21f.) und kirchlichen Publikationen (vgl. Zentrum für zivilgesellschaftliche Entwicklung (zze) et al. 2012: 50; Pithan, Adam, Kollmann 2002: 274; Heetderks, Kleint 2014).

Die Bedeutung neuer und vielfältiger Formen der Partizipation und Mitgestaltung in der Altenbildung durch die Teilnehmenden selbst wurde bereits angesprochen, doch ist dieses Thema auch auf der Ebene der Professionellen von Bedeutung. So müssen Mitarbeitende Möglichkeiten und Formen der Partizipation Älterer kennen und Ideen zu innovativen Formen für Altenbildung entwickeln können. Dies wird in der allgemeinen (vgl. z.B. Hinze 2002: 122; Breinbauer in: Aner, Karl, Rosenmeyer 2007: 89) und kirchlichen Literatur aufgegriffen (vgl. Heetderks, Kleint 2014: 8; Heetderks 2011). Ältere sollten dabei bei der Suche nach individuell passenden Formen der Partizipation unterstützt werden. An dieser Stelle rückt das Themenfeld der (Bildungs-)Beratung in den Blick, denn eine große Vielfalt an Angeboten und Aktivitäten können neben

Chancen auch Entscheidungsschwierigkeiten und Unsicherheiten bei den Älteren mit sich bringen. Daher ist eine gezielte Beratung sinnvoll, wozu die Professionellen die entsprechenden Kenntnisse benötigen (vgl. Kade 1994: 17; Tippelt, Schmidt in: Tippelt et al. 2009: 202).

Um der Ausdifferenzierung der Lebenslagen Älterer und den damit zusammenhängenden Bedürfnissen der Menschen gerecht werden zu können, bedarf es einer breiten Angebotspalette (vgl. Hinze 2002: 122; Friebe 2010a: 7) und im Optimalfall eines regionalen Gesamtkonzepts der Altenbildung. Diese können nur durch Vernetzung und Kooperationen der an Altenbildung beteiligten Akteure sowohl auf der Organisations- als auch auf der Professionsebene umgesetzt werden (vgl. EKD 2009: 77f.). Dabei sind sowohl kirchliche als auch andere Träger einbezogen (vgl. Hartmann in: Heetderks 2011: 22). Auf der Professionsebene geht es in der allgemeinen theoretischen und kirchlichen, wie auch erfahrungspraktischen Literatur um die Vernetzung der hauptamtlich in den unterschiedlichen Einrichtungen und Initiativen Tätigen, aber auch um die Verbindung und den Austausch von hauptamtlich mit ehrenamtlich Tätigen in der (kirchlichen) Altenbildung (vgl. z.B. ebd.; EKD 2009: 77f.; Anding 2002: 208; Böhmer 2000: 11).

4 Empirischer Zugang II: Programmanalyse

Eine weitere Form der empirischen Annäherung an die Praxis der kirchlichen Erwachsenenbildung sind Programmanalysen, die Programme von Einrichtungen und Initiativen in kirchlicher Trägerschaft in den Blick nehmen. Im Kontext der kirchlichen Erwachsenenbildung liegt eine solche Programmanalyse vor, die auch und gerade die Praxis der kirchlichen Erwachsenenbildung in der EKHN beleuchtet (vgl. Seitter 2013: Profile konfessioneller Erwachsenenbildung in Hessen).

Ordnungsmuster von Bildungsprogrammen lassen sich in der Regel nach thematischen, institutionellen, zielgruppenspezifischen und/oder geographischen Gesichtspunkten unterteilen. Im Kontext kirchlicher Bildungsarbeit geht es beispielsweise um Themen wie Musik, Tanz, Theater, Fotografie und Kunst. Weiter werden Reisen, Fahrten und Exkursionen angeboten, wie auch Themen zur Natur, Wandern, Sport, Gesundheit oder Ernährung. Auf der anderen Seite lassen sich religiöse und spirituelle Themen finden, die einen konkreten Bezug zur Kirche haben, wie z.B. Bibelkreise (vgl. Seitter 2013: 21).

Auf der institutionellen Ebene wird das Bildungsangebot spezieller Einrichtungen fokussiert, wie z.b. punktuelle oder wiederkehrende Angebote von GemeindereferentInnen oder PfarrerInnen bzw. Priestern, von Beratungseinrichtungen, der Diakonie oder Caritas oder auch von anderen Gruppierungen.

Eine weitere Möglichkeit der Strukturierung der Analyse sind räumliche Gruppierungen des Angebots, insbesondere mit Blick auf die Gemeindestruktur und unterschiedliche Zielgruppen. Betrachtet man den letztgenannten Aspekt etwas genauer, so zeigt sich eine Vielzahl unterschiedlicher zielgruppenspezifischer Adressierungen:

Geschlecht	Männer, Frauen
Alter	Senioren
Familienstand/Familienkonstellationen	Paare, Paare ab 50, Eltern, Familien, Väter/Kinder, Großväter/Enkel
Ausbildungsgrad und Beschäftigungsgrad	Studierende, Führungskräfte, Unternehmensmitarbeitende ab 50
Spezifische Lebenssituationen	Pflegende Angehörige, Behinderte
Krisenlagen	Trauernde, Kranke
Funktionsträgerschaft	Ehrenamtliche und Multiplikatoren

Tabelle 1:   Zielgruppenspezifische Adressierungen kirchlicher Erwachsenenbildung

Mit Blick auf die kirchliche Altenbildung werden ältere Menschen als Gesamt-
gruppe (Senioren) angesprochen, in spezifischen gesellschaftlichen und familiä-
ren Rollen adressiert (Paare ab 50, Großeltern, ältere Beschäftigte) oder im
Kontext weiterer Lebenslagen fokussiert, wobei die Programmangebote in der
Regel altersunspezifisch ausgestaltet sind (kranke Ehrenamtliche, etc.) (vgl.
ebd.: 24).

Ein weiterer Aspekt der Programmanalyse betrifft den Veranstaltungsmo-
dus und die damit verbundene weitere Zielgruppendifferenzierung, wie z.b.
Vorträge, Seminare, Führungen, Fahrten, etc. (vgl. ebd.: 21). Programme sind
Produkte vorgängiger Planung und werden – gerade auch im Kontext evangelischer Erwachsenenbildung – in der Regel von hauptamtlichen MitarbeiterInnen
erstellt (vgl. ebd.: 10). In manchen Programmen finden sich allerdings auch
Hinweise auf selbstorganisierte Gruppen mit eigenen Aktivitäten und zum Teil
auch eigenen Programmen, die in den professionell gestalteten Programmen
meist kaum greifbar sind. Sie sind unter dem Gesichtspunkt einer diversitätsorientierten Bildungsarbeit allerdings von hoher Bedeutung, was die Institutionenanalyse aufgreift und zeigen wird (vgl. Kap. 5).

Idealtypisch lassen sich beide Programmarten – veranstaltete und selbstorganisierte – folgendermaßen gegenüberstellen:

Wer	Ältere als Zielgrup-pe	Ältere als Aktiv-gruppe	Adressat
Was	Veranstaltete Programme	Selbstorganisierte Programme	Modus
Wie	Angebotsorientiert	Nachfrageorientiert	Produkt
Durch wen	Professionell be-treut	Freiwilliges Enga-gement	Produzent

Tabelle 2:   Idealtypische Gegenüberstellung veranstalteter und selbstorganisierter Programme

Diese Übersicht zeigt die Komplementarietät veranstalteter, eher traditioneller
Formen auf der einen und selbstorganisierter Formen auf der anderen Seite,
doch stehen sie über die Ausrichtung auf die Zielgruppe älterer Menschen in
einer engen Verbindung, einem Kontinuum. Allerdings ist über die selbstorganisierte Form der Bildungsbeteiligung, ihre Voraussetzungen, Bedingungen und
Gelingensfaktoren bisher wenig bekannt, da diese Form sowohl in der Literaturanalyse, wie auch der hier exemplarisch vorgestellten Analyse des Programms
kirchlicher Erwachsenenbildungsarbeit kaum oder keine Erwähnung findet. Um
dieses Desiderat aufzugreifen sowie die Chancen und Herausforderungen vor
allem selbstorganisierter Formen in der Altenbildung aufzuzeigen, wird ein
dritter Zugang gewählt.

5 Empirischer Zugang III: Institutionenanalyse

Ein dritter Zugang zur Erfassung kirchlicher Altenbildungsarbeit, der zugleich die zuvor beschriebene Lücke in den Ausführungen zu selbstorganisierten Formen der Altenbildung aufgreift, ist der empirisch-institutionelle Zugang zur Praxis. Dieser wird in Form einer Untersuchung mittels Befragungen von fünf ausgewählten Institutionen aus dem Kontext der kirchlichen Altenbildung eröffnet, die in Abgrenzung zu traditionellen Formen innovativ und vor allem mit Formen der Selbstorganisation arbeiten.

5.1 Vorstellung der untersuchten kirchlichen Institutionen

Nun folgend werden die befragten Initiativen und Einrichtungen in einer synoptischen Überschau kurz vorgestellt. Es schließt sich eine tabellarische Übersicht an, die die Besonderheiten der untersuchten Initiativen aufzeigt (Tabelle 3). Im Anhang befinden sich zu jeder Initiative eine ausformulierte Kurzbeschreibung sowie eine stichpunktförmige Aufschlüsselung der wichtigsten Kennzeichen und Fakten mit Hinweisen für weitere Informationen (Kap. 10).

Insgesamt wurden fünf kirchliche Initiativen und Einrichtungen untersucht, die alle im Einzugsgebiet der EKHN angesiedelt sind und von der Kirche getragen werden. Ein entscheidender Unterschied ist, dass die Leitenden der Institutionen, bis auf den Leiter des pluspunkts und die Interviewten des Seniorenbüros, alle ehrenamtlich arbeiten. Auf der Gruppenebene, z.B. zur Betreuung und Verantwortung der einzelnen Gruppen, sind ehrenamtliche ältere Menschen tätig. Das Seniorenbüro ist im Unterschied zu den Initiativen eine übergeordnete Organisation, in der hauptamtliche Kräfte unter anderem ältere Menschen in Bezug auf ehrenamtliches Engagement beraten, sie in individuell passende Einrichtungen und Projekte vermitteln sowie schulen und begleiten.

Die hier untersuchten Institutionen zeichnet aus, und darin liegt auch die Begründung für die Auswahl dieser Einrichtungen, dass sie innovativ, flexibel und mit neuen Formen im Vergleich zu traditionellen Formen der kirchlichen Altenbildung arbeiten. So bestehen die Aktive Mitte, Initiative 55 plus-minus, Initiative 50plus-aktiv und der pluspunkt in der Organisationsstruktur der Selbstorganisation.

Diese Form der Bildungsarbeit wird daher als Beispiel für eine neue Form der inklusiven kirchlichen Altenbildung in den folgenden Ausführungen umfassend behandelt. Zunächst werden an dieser Stelle die Informationen zu den Institutionen tabellarisch abgebildet, die im Vergleich und in Abgrenzung zu traditionellen Angeboten als interessant und hervorzuheben sinnvoll erscheinen:

	Seniorenbüro Winkelsmühle	Aktive Mitte	Initiative 55 plus-minus	50plus-aktiv an der Bergstraße	pluspunkt
Initiative ausgehend von	Gestartet als Bundesprogramm, dann verstetigt	„Betroffene" aus dem Kirchenvorstand	Gleichgesinnte „Betroffene"	Ein „Betroffener"	Leiter der Initiative
Grundidee	Beratung, Vermittlung, Vernetzung von Freiwilligen und Einrichtungen aus der Region	Es gab keine entsprechenden Angebote für ältere (aktive) Menschen	Es gab keine entsprechenden Angebote für ältere (aktive) Menschen	Es gab keine entsprechenden Angebote für ältere (aktive) Menschen	Es gab keine entsprechenden Angebote für ältere (aktive) Menschen
Angebotsstruktur	Angebotsorientierte Freiwilligenagentur	Selbstorganisation	Selbstorganisation	Selbstorganisation	Selbstorganisation mit reiner Angebotsorientierung
Formen und Möglichkeiten der Partizipation und des Engagements der Teilnehmenden	Ideen für Projekte einbringen, freiwilliges Engagement in Projekten (punktuell oder kontinuierlich)	Ideen und Themen einbringen, sich an der Organisation beteiligen	Ideen und Themen einbringen, Projekte und/oder Gruppen organisieren und betreuen	Ideen und Themen einbringen, Aktivgruppen organisieren und betreuen, SprecherIn der Initiative sein	Ideen und Themen einbringen, Gruppen organisieren und betreuen
Leitung	Hauptamtlich	Ehrenamtlich	Ehrenamtlich	Ehrenamtlich	Hauptamtlich
Mitarbeitende auf Gruppenebene	Überwiegend hauptamtlich besetzt	Keine Untergruppen	Ehrenamtlich	Ehrenamtlich	Ehrenamtlich
Anbindung an Einrichtung	Getragen vom Diakonischen Werk Offenbach-Dreieich-Rodgau	Gemeinde, Beratung durch EKHN, Pfarrer nicht eingebunden	Gemeinde, Beratung durch EKHN	Haus am Maiberg, Akademie für politische und soziale Bildung der Diözese Mainz	Gemeinde

Tabelle 3:   Übersicht über die untersuchten Institutionen aus dem kirchlichen Kontext anhand charakteristischer Merkmale

Für die empirische Untersuchung des professionellen Handelns in den Institutionen sowie zu Chancen und Herausforderungen neuer, vor allem selbstorganisierter Formen kirchlicher Altenbildung wurden Interviews mit VertreterInnen der Initiativen und Einrichtungen geführt. Die Ergebnisse der empirisch-qualitativen Untersuchung werden nun vorgestellt.

5.2 Ergebnisse der empirisch-qualitativen Untersuchung in kirchlichen Institutionen

Die insgesamt sechs geführten Interviews wurden anhand von Tonbandaufnahmen verschriftlicht und so für die weitere Auswertung aufbereitet. Dabei wurde die gesprochene Sprache in der Verschriftlichung für eine bessere Lesbarkeit geglättet, nicht sprachliche Besonderheiten wurden jedoch, um den Charakter der Redebeiträge zu erhalten, gekennzeichnet. So stehen die Zahlen in den Klammern für die Dauer von Pausen in Sekunden, ein Punkt ein einer Klammer für eine Pause unter einer Sekunde, unterstrichene Wörter wurden betont, großgeschriebene Wörter besonders laut ausgesprochen.

Nach der Verschriftlichung der Interviews wurden thematische Blöcke – Kategorien – gebildet, die sich an den Themenschwerpunkten des für die Befragung erstellten Interviewleitfadens orientieren. Den Kategorien wurden entsprechende Textpassagen aus den Interviews zugeordnet, um eine Struktur für die Auswertung zu entwickeln.

Die nun folgende inhaltliche Auswertung der Interviews wird mit Zitaten aus diesen belegt. Um die Zitate den Interviews zuordnen zu können, werden die Interviews in ihrer ursprünglichen Reihenfolge von eins bis sechs durchnummeriert: I1, I2, etc. Des Weiteren sind die Absätze in jedem Interview ebenfalls fortlaufend nummeriert. In zwei Interviews sind mehrere GesprächspartnerInnen zu Wort gekommen, was in den Zitaten mit den Anfangsbuchstaben der Nachnamen gekennzeichnet wird, z.B.: H: „Zitat" (I2: 2), also ein Zitat von Person H. im zweiten Interview in Absatz 2.

Um die Ergebnisse der geführten Interviews inhaltlich auswerten und übersichtlich darstellen zu können, wird die Auswertung in drei thematische Themenfelder gegliedert. So ergeben sich folgende Schwerpunkte für die Auswertung:

- Neue Formen kirchlicher Altenbildung am Beispiel der Selbstorganisation (5.2.1)
- Die Besonderheiten der Zielgruppe älterer Menschen im Kontext inklusiver kirchlicher Altenbildung (5.2.2)
- Die mögliche Brückenbaufunktion kirchlicher Altenbildungsarbeit (5.2.3)

5.2.1 Neue Formen kirchlicher Altenbildung am Beispiel der Selbstorganisation

In allen Interviews werden die Themen neuer Formen des Engagements und Möglichkeiten der Partizipation älterer Menschen in der Altenbildung besonders betont. Eine Form, die von umfangreicher Partizipation lebt, ist die Selbstorganisation, in deren Struktur die Initiativen Aktive Mitte, 55 plus-minus, 50plusaktiv und der pluspunkt bestehen. Da sich Formen der Selbstorganisation von traditionellen Formen der Altenbildung in vielen Punkten unterscheiden, sie vielfältige Chancen aber auch Herausforderungen mit sich bringen, wird die Selbstorganisation in ihrem Wesen, der Struktur und der konkreten Umsetzung in den untersuchten kirchlichen Institutionen folgend beschrieben. Zunächst werden beide Formen – die traditionelle und die neue, selbstorganisierte Altenbildung – voneinander abgegrenzt. Daran schließt sich die Beschreibung des Spannungsfelds der Abhängigkeit bzw. Unabhängigkeit einer selbstorganisierten Initiative von einer Einrichtung an. Da selbstorganisierte Initiativen auf der Basis des Engagements der Beteiligten auf allen Ebenen bestehen, wird dieses Thema im Anschluss daran umrissen. Die Plattform für die Ausrichtung der Organisation von Initiativen wird danach behandelt, wonach der Rahmen und Umfang für Selbstorganisation und Partizipation älterer Menschen in der Altenbildung aufgegriffen werden.

Abgrenzung traditioneller von neuen Formen kirchlicher Altenbildung

Um der Ausdifferenzierung der Lebensphase des Alters und den daraus resultierenden unterschiedlichen Bedürfnissen der Menschen in dieser Phase gerecht werden zu können, reichen traditionelle Formen der kirchlichen Altenbildung nicht mehr aus. „Darum bedarf es neuer Ideen und Initiativen, um den unterschiedlichen Interessenslagen gerecht zu werden" (Erhardt, Hoffmann, Roos 2014: 13). Das zeigt sich auch daran, dass die Zahl der Teilnehmenden in den traditionellen Angeboten stark rückläufig ist (vgl. I6: 26). Aufgrund dieser Entwicklungen haben sich neue Formen der Altenbildung im kirchlichen Kontext entwickelt. Dabei soll der Begriff „neu" nicht irreführend sein, da die Idee der Selbstorganisation nicht neu im eigentlichen Sinn ist. Vielmehr wird hier die Abgrenzung zu traditionellen Formen verdeutlicht.

Unter traditioneller kirchlicher Altenbildung werden Angebote gefasst, die von Seiten der Kirche, meist in einem regelmäßigen Turnus in Räumen der Gemeinde durchgeführt werden, zu denen alle älteren Menschen der Gemeinde eingeladen sind (vgl. I2: 34). Dabei sehen das Programm bzw. die Treffen in der Regel sehr ähnlich aus: O: „Lied, Vorlesen, Kaffeetrinken, Schwätzchen machen, nach Hause gehen" (I2: 102) „und im Wesentlichen mit Pfarrer" (I2: 104). Traditionelle Angebote bieten wenige bis keine Formen für eine Partizipation der Teilnehmenden und weisen daher meist eher eine Konsumorientierung bei den teilnehmenden älteren Menschen auf (vgl. I5: 104, I2: 420).

Neue Formen der kirchlichen Altenbildung sind vor allem gekennzeichnet durch die umfangreichen Möglichkeiten aber gleichzeitig auch Notwendigkeiten der Partizipation älterer Menschen, um die unterschiedliche Bedürfnisse an (Bildungs-)Aktivitäten in der Lebensphase des Alters aufgreifen und erfüllen zu können. Von neuen Formen der Altenbildung wird daher eine bestimmte Zielgruppe angesprochen, nämlich Menschen, die nicht nur konsumieren wollen, sondern

> „[…] man will für sich was tun, ganz wichtig und man will aber auch, die meisten wollen auch für andere was tun" (I6: 113).
> „Es ist schon ein bestimmter Menschentyp […], der nicht zum Seniorenkaffee nachmittags hierher kommen will, sondern der einmal die Geselligkeit und das Zusammenleben sicherlich sucht, ne? Das Zusammenwirken auch mit anderen aber die sich auch fordern wollen, inhaltlich fordern wollen" (I4: 87).

Weiter zeichnet sich innovative Altenbildung durch „die Offenheit und die Breite für die Themen und für die Gemüter der Leute" (I3: 44; vgl. I6: 26) aus. Dabei werden immer auch neue Themen in den Blick genommen, die sich am Lebensalltag der älteren Menschen orientieren, da diese von ihnen eingebracht und oft auch selbst umgesetzt werden (vgl. I2: 50).

Bei den hier befragten Institutionen sind es nicht nur die Initiativen, sondern auch das Seniorenbüro, das innovativ und mit neuen Formen arbeitet, was sich an einer flexiblen und unkonventionellen Herangehensweise an die Altenbildungsarbeit zeigt: G:

> „[…] dass wir durchaus mal ganz quer denken und sagen: Wir probieren das jetzt mal aus, mehr als einschlafen kann es nicht oder gar nicht erst entstehen. […] Wir stehen nicht in dem Ruf langweilig zu sein" (I1: 48).

Eine besondere Form neuer Altenbildungsarbeit im kirchlichen Kontext ist die Selbstorganisation, die in der Aktiven Mitte, der Initiative 55 plus-minus, 50plus-aktiv und dem pluspunkt umgesetzt wird. Selbstorganisierte Initiativen sind in der Regel an eine Einrichtung/Gemeinde angebunden und werden von dieser unterstützt, die Organisation der Aktivitäten der Gruppe(n) in den Initiativen wird von meist ehrenamtlich Tätigen selbst organisiert. Die Inhalte, Themen und Ideen für Aktivitäten werden überwiegend von den Teilnehmenden selbst eingebracht und meist auch praktisch umgesetzt, was eine hohe Engagementbereitschaft bei allen Beteiligten voraussetzt und gewisse Kompetenzen erfordert.

Es soll und muss erwähnt werden, dass neue Formen traditionelle Angebote und Angebotsformen nicht ersetzen und verdrängen, sondern als eine Ergänzung in der Palette der Altenbildung verstanden werden sollen, da es für beide Formen eigene Zielgruppen gibt (vgl. Erhardt, Hoffmann, Roos 2014: 13). Das wird auch in I6 betont: „Was ihr macht, ist gut. Die Leute kommen gerne zu euch, das soll auch bitte weiter so bleiben. Was wir machen, wir tun etwas dazusetzen einfach" (I6: 53).

An dieser Stelle ist in Bezug auf die Vorstellung von Besonderheiten der Selbstorganisation auf die Übersicht der Institutionen hinzuweisen (vgl. Tabelle 3). So ist in vier der fünf vorgestellten Institutionen die Initiative für die Gründung nicht von der Gemeinde oder einer Einrichtung ausgegangen, sondern von einzelnen Menschen, z.b. einem, der „wirklich 50plus betroffen war" (I5: 12) oder kleinen Gruppen interessierter Älterer, denen das Altenbildungsangebot in der Gemeinde/Region nicht ausreichte und von dem sie sich nicht angesprochen fühlten:

> „Ausgangslage im Jahr 2004 und da hab ich dann so sieben, acht Menschen mir zusammengesucht, denen ich (.) zutraute, von denen ich vermutet hab, dass die nicht bereit sind, sich aufs Altenteil schieben zu lassen, sondern eher fit im Kopf waren, um ein neues Konzept mit zu entwickeln" (I3: 2).

In Offenbach war es ebenfalls eine Gruppe Interessierter: H:

> „[…] wir haben angefangen vor gut zehn Jahren, waren wir noch, da waren wir im Kirchenvorstand mit noch anderen, dass wir sagten, für das damalige Alter, wir waren Mitte sechzig oder so, gibt es ja gar nix in unserer Gemeinde" (I2: 34).

Anders ist die Entstehung des pluspunkts verlaufen, denn dort hat kein „Betroffener" die Gründung der Initiative angeregt, sondern ein Sozialpädagoge, der den Bedarf nach neuen Altenbildungsformen in der Gemeinde erhoben hatte und dann hauptamtlich für die Koordination der von ihm ins Leben gerufenen Initiative angestellt wurde (vgl. I6: 2; 6).

Die grundlegenden initiierenden Ideen wurden von den Interessierten an die Gemeinde/eine kirchliche Einrichtung, z.B. die EKHN herangetragen, mit deren Unterstützung die Initiativen ins Leben gerufen wurden. Dieser Punkt leitet über zur Bedeutung der Anbindung an bzw. Abhängigkeit und Unabhängigkeit selbstorganisierter Initiativen von einer Einrichtung.

Zur Abhängigkeit bzw. Unabhängigkeit selbstorganisierter Initiativen von einer kirchlichen Einrichtung

Viele selbstorganisierte Initiativen werden mit der Unterstützung einer (kirchlichen) Einrichtung in Leben gerufen, so auch die hier vorgestellten. Die InitiatorInnen der Aktiven Mitte und der Initiative 55 plus-minus z.B. wandten sich an die EKHN und wurden von dort aus dahingehend beraten, wie man die vorhandenen Ideen aufgreifen und in die Tat umsetzen kann sowie auch, wie man eine selbstorganisierte Gruppe dazu befähigen kann, in eine selbständige Arbeit und Verstetigung einzumünden (vgl. I3: 2 und I2: 50, 53). Die Initiative 50plus-aktiv wurde mit Hilfe des Hauses am Maiberg, der Akademie für politische und soziale Bildung der Diözese Mainz, ins Leben gerufen und wird bis heute von dieser unterstützt. Der Initiator des pluspunkts trat mit seiner Idee für eine Initiative an die Kirche heran. Alle Interviewten betonen die Notwendigkeit, als Initiative an eine Einrichtung angebunden zu sein, denn „das muss auch professionell begleitet werden" (I5: 114). Die Anbindung weist unterschiedliche Dimensionen auf, die wie folgt zusammengefasst werden können:

1. Ressourcen: „Räume bieten" (I5: 112), Finanzen, Personal, etc.: „Und es ist ja auch ganz bequem, wenn man an so einem Haus hängt, ne? Ein Haus sorgt ja auch für einen, wie der Familienvater oder die Familienmutter" (I4: 80).
2. Kooperationsstrukturen und die Vernetzung der Einrichtung nutzen: „Irgendwie muss man da an den traditionellen Strukturen auch mit dranhängen, um die Potenziale auch nutzen zu können" (I5: 118).
3. Beratung, Schulung, Unterstützung und (professionelle) Begleitung der ehrenamtlichen LeiterInnen und GruppenleiterInnen, z.B. was die Kompetenzen angeht, die in der Selbstorganisation benötigt werden: H: „Diese Gruppe hat als einzige Gruppe eine professionelle Beratung, also das ist also ein ganz wichtiger Punkt" (I2: 134).
4. Input: Themen, Ideen, Reiseziele, etc.: O: „Wir bekommen von Herrn Erhardt Ideen, die tragen wir dann in die Gruppe und wenn die Gruppe sagt: Ok, interessant, dann machen wir was draus" (I2: 10).

Der Aspekt der Abhängigkeit von einer Einrichtung kann sich jedoch durchaus ambivalent und mitunter konfliktbehaftet erweisen:

„Ja, also für mich persönlich ist es ein Problem und ein Problem insofern, als wir immer wieder diskutieren so die Unabhängigkeit, die Eigenständigkeit auch der Initiative 50plus-aktiv. Ich hab sehr stark das Gefühl, wir hängen am Haus am Maiberg und ohne das Haus am Maiberg (.) wäre die Existenz eher fragwürdig, ne? Also das würde ich sehr stark hinterfragen. Also insofern hat das Haus schon eine existenzielle Rolle auch für die Initiative, braucht man nicht drum herum reden [...]. Und (.) wir haben immer wieder überlegt, auch an der, in diesem Jahr wieder: Wie [...] können wir es denn erreichen, hier so ein Stückchen freier und unabhängiger zu werden? Können wir das in dieser losen Initiativform überhaupt, in diesem Format oder müssen wir nicht an einen Verein denken, einen Verein gründen, Förderverein oder so etwas?" (I4: 72).

Erforderliche Kompetenzen der Beteiligten und die Gewinnung von
NachfolgerInnen

In allen Formen der Altenbildung ist in Bezug auf die Organisation der Aktivitäten ein Aspekt von großer Bedeutung. So benötigen alle: „Einen Kontinuitätspunkt, einen Fixpunkt, jemand der den Überblick hat und der auch, ja die Begleitung halt auch macht. Das ist absolut wichtig bei so einer Sache" (I6: 14). Ein solcher Organisationspunkt kann in der angebundenen Einrichtung oder in der Initiative selbst verortet werden, was der Selbstorganisation eher gerecht werden würde. Es geht hierbei darum, dass eine Person oder ein Koordinationsteam „den Überblick über alles" (I3: 34), also über die Aktivitäten der Gruppe(n) hat, Interessen, Nachfragen und Angebote zusammenbringt und diese koordiniert. Um die Aufgabe der Koordination erfüllen zu können, benötigen die in der Selbstorganisation meist ehrenamtlich Mitarbeitenden auf der Leitungs-, wie auch auf der Gruppenebene entsprechende Kompetenzen. In diesem Zusammenhang stellt sich auch die Frage nach der Gewinnung von NachfolgerInnen mit entsprechenden Kompetenzen auf beiden Ebenen.

Zunächst wird nun folgend die Leitungsebene betrachtet, beginnend mit dem Thema der Gewinnung von NachfolgerInnen: „[…] ich frage oft und dann frag ich natürlich Leute, denen ich das zutraue" (I3: 240). So stehen alle selbstorganisierten Initiativen vor der Herausforderung: H: „Wen denn sonst aus der Gruppe könnte man finden?" (I2: 533). Auch die Nachfolge des hauptamtlichen Leiters des pluspunkts ist noch offen, da die Stelle mit einem Vermerk versehen ist, dass sie nach der Verrentung des Leiters zunächst nicht wiederbesetzt wird. Daher sagt der Leiter der Initiative:

> „Wenn ich jetzt aufhöre […], wird es spannend werden […] insofern, ob es (1) Leute gibt in der Gemeinde oder im Dekanat, die sagen: Diese Arbeit für die evangelische Kirche so wichtig, dass wir jetzt kämpfen, um diese Stelle zu erhalten, denn erstmal ist die Stelle weg" (I6: 14).

Diese Aussage weist auf die Wertschätzung und Akzeptanz der (selbstorganisierten) Altenbildungsarbeit hin. Alle Interviewten wünschen sich, dass ihre Initiative weiter bestehen kann: „[…] ich wünsche mir erstmal, dass es einen Nachfolgekollegen oder Kollegin gibt, die dann diese Arbeit hoffentlich am Puls der Zeit weiterentwickelt" (I6: 151).

Die Kompetenzen, die auf der Leitungsebene als notwendig erachtet werden, können in verschiedene Funktionsbereiche unterteilt werden. Da es viele Zitate in den Interviews dazu gibt, werden hier die wichtigsten Schlagworte abgebildet:

a) Soziale Kompetenzen: AnsprechpartnerIn und ErmutigerIn sein, Lob, Anerkennung schenken, mit Alterserscheinungen sensibel umgehen (vgl. I2: 502

oder I6: 63), Beraten, Zuhören, Beziehungsarbeit machen und ermöglichen (vgl. I6: 22), Bedürfnisse erkennen und berücksichtigen (vgl. I5: 20)

b) Administrative und organisatorische Kompetenzen: Gruppen initiieren, Interessen zusammenbringen und gemeinsam Konzepte erstellen (vgl. I6: 20), leiten, organisieren (vgl. I3: 241; I6: 119; I2: 38), Sponsorensuche, Anträge schreiben, Presse- und Öffentlichkeitsarbeit (vgl. I3: 12, 52, 116), mögliche Alterserscheinungen berücksichtigen (vgl. I2: 502; vgl. I6: 63)

c) Führungskompetenzen: Ermutiger sein, Ideen hervorlocken: „diesen Röntgenblick: Könnte der Mensch, dieser Mann, diese Frau mit ihrer Idee vielleicht mit andern gemeinsam aktiv werden?" (I3: 50), Zusammenarbeit in den Gruppen fördern (vgl. I4: 118), begleiten und unterstützen (vgl. I6: 83), Schulungen organisieren, um benötigte Kompetenzen zu vermitteln (vgl. I1: 251).

Auf der Gruppenebene liegen die Unterschiede zur Leitungsebene vor allem darin, dass die IdeengeberInnen häufig dazu ermutigt werden, auch die Betreuung der Gruppe zu dem eigenen Thema zu übernehmen: „[…] alles das, was die Leute selber haben, kommt hier rein und wird auch versucht, von den Leuten selber auch durchzuführen" (I6: 20). Hieraus ergeben sich neue Formen des Engagements. So können sich ältere Menschen im Kontext der Selbstorganisation z. B. in der Betreuung einer oder mehrerer Gruppen engagieren. Um Menschen für dieses Aufgaben zu finden, müssen die haupt- und ehrenamtlichen Leiter über die entsprechenden Kompetenzen verfügen. Der Sprecher der Initiative 55 plus-minus erläutert diese Aufgabe wie folgt:

„Menschen herauszufordern: Da haben Sie doch noch ein Talent, da hätt ich noch eine Idee. Sie könnten doch vielleicht das und das und so und so machen, also wirklich rauslocken, möchtest du nicht im Rahmen der Initiative diese dieses Thema anbieten" (I3: 50),

denn Selbstorganisation setzt voraus, dass

„man andere Menschen noch findet, die das auch tun" (I3: 241).

Aber auch die GruppenbetreuerInnen in selbstorganisierten Initiativen benötigen für die Organisation einer oder mehrerer Gruppen gewisse Fähigkeiten, sie brauchen ein entsprechendes „Qualifikationsprofil" (I4: 81), das wie folgt erfasst werden kann:

a) Soziale und persönliche Kompetenzen: soziale Kompetenzen (vgl. I5: 178), Mut, Selbstbewusstsein für die Aufgabe haben oder entwickeln (vgl. I4: 116)

b) Gruppenkompetenzen: Moderationskompetenzen (vgl. I4: 85, 108), Prozessgestaltungskompetenzen (vgl. I4: 81), „die gestalterischen, kommunikativen Fähigkeiten" (I4: 83)

c) Organisatorische Kompetenzen: Texte zum Angebot/Thema verfassen (vgl. I3: 82), „Aufgaben selbst gestalten" (I3: 6), Termine und Einladungen sowie Orte und Räume organisieren, Regularien und Formalitäten zur Förderung, z.B. TeilnehmerInnenlisten, kennen und anwenden (vgl. I3: 54, 120).

Es zeigt sich, dass selbstorganisierte Initiativen nur durch das Engagement der Beteiligten auf allen Ebenen – der Teilnehmenden-, der Gruppen- und der Leitungsebene – bestehen können. Ein weiterer für selbstorganisierte Altenbildung charakteristischer Punkt ist demnach die Plattform für die Organisation der Aktivitäten und die Instanz, von der diese ausgeht. Dieser Punkt wird nun folgend behandelt.

Plattform für die Organisation kirchlicher Altenbildung

Bei der Ausrichtung der Organisation in Einrichtungen und Initiativen der Altenbildung kann unterschieden werden zwischen einer Organisation von „oben" und einer von „unten". In traditionellen Formen der Altenbildung wird meist eher von einer Organisation von „oben" gesprochen, da Angebote von Mitarbeitenden einer Institution vorgegeben werden, die kaum oder keine Möglichkeiten für die Partizipation und Mitgestaltung der Teilnehmenden einräumt.

Da bei selbstorganisierten Initiativen zu einem Großteil Interessierte und Teilnehmende die Ideen, Themen und Anregungen für Aktivitäten einbringen sowie selbst umsetzen, wird hier von einer Organisation von „unten" gesprochen, weil „es eine Arbeit der Leute für die Leute ist, der Menschen für die Menschen" (I6: 20). Dabei werden die älteren Menschen entweder zur Einbringung von Ideen und Bedürfnissen ermutigt: „So, jetzt seid ihr am Spiel. Was hättet ihr denn für Wünsche, für Bedürfnisse?" (I6: 79), häufig ist es laut der Interviewten aber eher so, dass die Menschen von sich aus Ideen einbringen (vgl. I3: 8, 50).

Diese Organisation von „unten" macht eine Altenbildungsarbeit möglich, die nah an den Menschen, ihrem Lebensalltag und damit ihren Bedürfnissen ist:

> „[...] für jeden ist was da, also hoch ausdifferenziert, weil es sehr unterschiedliche Menschen gibt mit unterschiedlichen Bedürfnissen und das [...] kommt in der Arbeit irgendwo drin vor, weil die Leute natürlich die Themen reintragen" (I6: 75).

Weiter ist an dieser Form der Altenbildung interessant, dass sie durch die Plattform für die Organisation und die Partizipation der Teilnehmenden – obwohl die Initiativen alle schon seit mehreren Jahren bestehen – immer aktuell ist und bleiben kann:

„das Faszinierende, so ist eine Arbeit jung geblieben, die eigentlich schon fast 30 Jahre alt ist, nämlich es kommen immer wieder neue Leute mit neuen Ideen, die Bedürfnisse verändern sich […], also es ist immer eine große Dynamik drin" (I6: 22).

Rahmen und Formen der Partizipation und Selbstorganisation Älterer in der kirchlichen Altenbildung

In den Interviews in den fünf untersuchten kirchlichen Institutionen geht es auch um den Rahmen, die Ermöglichungsstruktur für die Partizipation und Selbstorganisation älterer Menschen, die aktiv sein und sich einbringen wollen, ihren Interessen und Bedürfnissen folgen und diese gemeinsam mit anderen verwirklichen wollen. Diese Ermöglichungsstrukturen sind die Basis, das Fundament für die Selbstorganisation und beziehen sich auf die grundlegenden und initiierenden Ideen für die Arbeit und Umsetzung derer in selbstorganisierten Formen, die konkrete Ausgestaltung der Treffen und Aktivitäten im Hinblick auf den Turnus, die Orte und Zeiten, wie ebenfalls auf die Möglichkeit, mit neuen Ideen auch neue Gruppen und Aktivitäten zu entwickeln. Dieser Rahmen bietet Raum und Orientierung zur Gestaltung der Partizipation und Selbstorganisation in unterschiedlicher Form und Ausprägung.

Im Kontext der Selbstorganisation können neue Formen des Engagements ausprobiert und erlebt werden, wie z.B. durch die Betreuung einer Gruppe oder auch als SprecherIn der Initiative. Generell geht es also immer darum, Möglichkeiten (vgl. I1: 146, 299) und (Frei-)Räume (vgl. I5: 158) zu schaffen, denn man „will eigentlich nur Räume öffnen. Wir sind Plattform für die, die was wollen" (I3: 50).

5.2.2 Besonderheiten der Zielgruppe älterer Menschen im Kontext inklusiver kirchlicher Altenbildung

Die folgenden Ausführungen erfassen, was ältere Menschen in Bezug auf (kirchliche) Bildungsangebote zu einer besonderen Zielgruppe macht und sie damit abgrenzt von anderen Ziel- und Altersgruppen. Dazu wird hier zunächst auf die Heterogenität der Zielgruppe eingegangen, woran sich die Auffächerung der Motive und Motivationen älterer Menschen für eine Teilnahme an Aktivitäten anschließen. Das Themenfeld der altersspezifischen und altersübergreifenden Themen, wie auch Gruppenzusammensetzungen wird danach behandelt. Darauf folgt die Beschreibung des für die Altersgruppe relevanten Themas der (gemeinsamen) Alterung der Gruppe, wie auch der individuellen Alterung im Zusammenhang mit möglichen Verlusterscheinungen und Einschränkungen. Das letzte Unterkapitel beschreibt das besondere Verhältnis Älterer zu neuen Medien.

Heterogenität der Zielgruppe älterer Menschen

Zunächst wird hier die Gruppe der tatsächlich Teilnehmenden an den Aktivitäten der befragten Institutionen vorgestellt. Alle Einrichtungen verbindet, dass sie eine breite Zielgruppe ansprechen möchten, gleich welcher Herkunft, welcher Berufs- und Bildungsgruppe sowie Konfession die älteren Menschen sind. Diese Einstellung erscheint bei den konfessionell getragenen Institutionen innovativ und offen. Die Institutionen erreichen laut den Interviewten tatsächlich eine breite Gruppe, denn alle InterviewpartnerInnen geben an, dass die Teilnehmenden in ihren Veranstaltungen unterschiedlichen Berufs- und Bildungsgruppen, auch verschiedenen Konfessionen zugehörig sind: „Also es ist eine ganz bunte Mischung" (I5: 68; I2: 330-335; I6: 117).

Ein Kriterium zur Differenzierung dieser Teilnehmendengruppe ist das Alter. In zwei der Institutionen schlägt schon der Titel der Initiative eine Altersgruppe vor, nämlich in der Initiative 55 plus-minus und bei 50plus-aktiv. Eine grob gehaltene Eingrenzung über den Namen macht die Aktive Mitte. Nach der tatsächlich teilnehmenden Gruppe befragt, geben alle sechs Interviewten an, dass das Durchschnittsalter der Teilnehmenden bei in der Regel über 65 Jahren liegen würde (vgl. I4: 96 und I2: 67).

In der Analyse der Literatur (Kap. 3.1) wurde ersichtlich, dass sich die Lebensphase des Alters zum einen verlängert und zum anderen ausdifferenziert hat: „Altern hat sich im Blick auf Lebenslagen, Lebensformen und Lebensstile vervielfältigt" (Erhardt, Hoffmann, Roos 2014: 13, vgl. auch Arnold in: Becker, Veelken, Wallraven 2000: 26f.; Bubolz-Lutz in: Bergold et al. 1999: 31; Hausmann, Körner 2009: 7; Schneider 2004: 32f.). Diese Heterogenität der Lebensphase des Alters, unabhängig davon, in welchem kalendarischen Altersrahmen sie verortet werden kann, wird auch in den Interviews thematisiert. Es bilden sich bei den Aussagen jedoch zwei unterschiedliche Meinungsbilder heraus: Auf die Frage, ob die Ausdifferenzierung der Lebensphase des Alters auch bei den Teilnehmenden der jeweiligen Institution beobachtet wird, antworten zwei der Befragten, dass sich die Gruppe nicht wirklich ausdifferenziert habe, jedoch der allgemeine gesellschaftliche Fokus auf diese Gruppe nun verstärkt gerichtet worden sei und sie daher differenzierter betrachtet werden würde: L: „Also dazu würde ich sagen, das ist nicht differenzierter geworden, sondern das wird eher differenzierter gesehen" (I1: 154). Ähnlich fällt auch die Meinung eines anderen Interviewpartners aus:

> „Also ich denke […], dass so der Blick geschärft worden ist. Diese Differenzierung und diese große Unterschiedlichkeit, ich denke, die war von Anfang an da, also ich glaube nicht, dass das so eine neuere Entwicklung ist" (I4: 98).

Im Unterschied dazu sehen die anderen Interviewten durchaus eine Differenzierung:

„Und wenn man Sie oder mich oder meine Frau anschaut, dann erkennen wir ein Stück von der Vielfältigkeit Gottes. (1) Ja, wenn das so geglaubt wird und ich will das als Bild für mich in Anspruch nehmen, dann hat das natürlich auch Herausforderungen an uns, die wir mit anderen Menschen umgehen und das hat eine Wahnsinns-Herausforderung an unsere Kirche oder Kirchen: Was machen wir mit der Unterschiedlichkeit, der Heterogenität oder der Ausdifferenziertheit oder auch der (.) Mängel körperlicher, geistiger, inklusiver Art, die wir überall sehen?" (I3: 56).

Der Interviewte stellt den direkten Bezug zur Kirche her und fragt nach dem Umgang der Kirche mit der Heterogenität der Menschen. Eine Inklusion in bestehende Angebote sei daher nicht immer möglich, „WEIL die so unterschiedlich sind" (I5: 56). Auch der Interviewte aus dem sechsten Interview sieht diese Ausdifferenzierung der nachberuflichen Lebensphase: „Das heißt, die Leute, die hier sind, werden ganz individuell alt und zwar höchst individuell alt" (I6: 113). Er beschreibt die Entwicklung der Ausdifferenzierung: „Ich glaube und ich nehme auch wahr, dass es heute sehr stark differenzierter ist, individual differenzierter ist als noch vor 30 Jahren" (I6: 107). Daraus folgernd berichtet er aus seiner Erfahrung:

„[...] ich denke, dass die Differenzierung also sehr viel höher noch geworden ist und zwar individuell sehr viel höher geworden ist. Jeder Einzelne macht so sein eigenes Ding und schließt sich an bestimmten Punkten vielleicht mal da an und dort an" (I6: 113), denn „für jeden ist was da, also hoch ausdifferenziert, weil es sehr unterschiedliche Menschen gibt mit unterschiedlichen Bedürfnissen und das ist, kommt in der Arbeit irgendwo drin vor" (I6: 75).

Er weist auf neue Formen des Engagements und damit auch auf ein Motiv älterer Menschen zur Teilnahme an einer Aktivität hin. Dieses und weitere Motive Älterer zur Teilnahme an Veranstaltungen der Altenbildung werden folgend aufgegriffen und erläutert.

Motive und Motivationen älterer Menschen für die Teilnahme an neuen Formen kirchlicher Bildungsangebote

Befragt nach den Motiven der älteren Menschen zur Teilnahme an Aktivitäten sprechen die InterviewpartnerInnen mehrere Themenbereiche an. Im fünften Interview wird eine Möglichkeit der Differenzierung der Motive eröffnet, nämlich „grundsätzlich zwei Zugänge: Einmal über das Miteinander und einmal über die Sache, über das Thema" (I5: 14). Ergänzt werden hier das Aktiv-Sein und das Engagement. So können die Motive zur Teilnahme nach folgenden Feldern differenziert werden:

1. Das Thema und Interesse
2. Das Miteinander, die Gemeinschaft
3. Das Aktiv-Sein und Engagement

Das Thema einer Aktivität wird in selbstorganisierten Initiativen meist von den Teilnehmenden selbst eingebracht und stammt daher aus deren Lebenswelt: „Aber ich denke, ein Motiv ist natürlich: Ich kann mich auseinandersetzen mit irgendwelchen Fragen, die mich interessieren" (I4: 117). So kann das Thema der Anlass für ein Zusammenkommen und auch das Bindeglied sein, das Menschen zusammenbringt, die sich für dieses Thema interessieren: „[...] wir hatten ein Thema miteinander gefunden, das hat uns ja zusammengebracht" (I4: 229). Es ginge den Älteren in den Aktivitäten jedoch nicht um den Konsum eines vorbereiteten Themas, sondern sie würden sich einbringen und „sich inhaltlich fordern" (I4: 86) wollen.

Vielen Älteren ist es laut den Befragten wichtig, ihre Interessen nicht allein auszuleben, sondern im „Austausch" (I4: 114 und I1: 299) mit „Gleichgesinnten" (I3: 174) zu teilen: „[...] dieses Teilen ist eine wichtige Sache" (I5: 48) und bezieht sich auch auf die Weitergabe von Erfahrungen und Wissen (vgl. I4: 29). Dieser Punkt leitet über zu dem zweiten Feld der Motive, nämlich dem Miteinander.

Zu den Motiven des Miteinanders, also sozialen Beweggründen, zählen laut den Befragten vor allem die „Gemeinschaft" (I3: 146), das „Zusammensein" (I2: 411) und die „Tatsache, dass sie nicht alleine sitzen müssen" (I3: 174). Das Erleben von Gemeinschaft kann eventuell vorliegende Einsamkeit kompensieren (vgl. I4: 115), von der viele ältere Menschen z.B. durch den Verlust des Partners/der Partnerin oder durch den Wegzug der Familie betroffen sind. Sie suchen daher oft nach „Kontakt" (I1: 295), entweder zu Gleichaltrigen oder auch zu anderen Altersgruppen (vgl. I1: 305f.).

Ein nicht zu vernachlässigendes Motiv ist auch die Freude und der Spaß, den die Menschen in den Aktivitäten einer selbstorganisierten Initiative miteinander erleben können: „Wir lachen so viel, ja?" (I3: 198).

Zwei Motive der Teilnahme lassen sich auf einer sehr persönlichen und individuellen Ebene verorten. Das ist zum einen die Sinnfindung nach der beruflichen/familiären Phase, also die sinnvolle Gestaltung der langen Lebensphase des Alters: L: „Ich sehe natürlich insbesondere bei den Älteren das Hauptmotiv im Bereich Sinn, also Sinnfindung für den weiteren Lebensweg sozusagen" (I1: 301). Zum anderen könne es laut einer Interviewpartnerin auch darum gehen, G: „vielleicht irgendetwas zu geben, was man selbst vermisst hat oder so, ne, da geht es also dann viel auch um Geborgenheit und solche Dinge" (I1: 308).

Hier wird der Bezug zum dritten Bereich – zum Engagement und Aktiv-Sein – hergestellt. In allen Interviews wird betont, dass sich die älteren Menschen engagieren und mit anderen aktiv sein wollen, anstatt nur zu „konsumieren" (I2: 422). Sie wollen „geistig nicht einrosten [...] und in Gemeinschaft etwas tun" (I3: 164). Ein ganz wichtiges Motiv zur Teilnahme ist der Wunsch, sich an der Gestaltung der Aktivitäten mit den eigenen Interessen und Kompetenzen zu beteiligen. Bedeutend ist der Rahmen, der dafür zur Verfügung gestellt wird:

„Also das kann jeder gestalten, wie er das für richtig hält" (I4: 3). Teilnehmende sind also angesprochen von der „Möglichkeit, Eigeninitiative zu entfalten und zu fördern, dass man hier auch gestalten kann, wenn man eine Vorstellung, eine Idee hat und die auch umsetzen kann" (I4: 89).

Es wird deutlich, dass aktive bzw. partizipative Formen der Altenbildung eine bestimmte Gruppe von Menschen ansprechen: „Es ist schon ein bestimmter Menschentyp [...], der nicht zum Seniorenkaffee nachmittags hierher kommen will, sondern der einmal die Geselligkeit und das Zusammenleben sicherlich sucht" (I4: 87; vgl. I2: 34). Da aber auch konsumorientierte Formen eine Zielgruppe haben, wird in den Interviews betont, dass beide Formen nebeneinander bestehen sollten (vgl. I6: 53).

In den Ausführungen dieses Kapitels tritt die Bedeutung des Beziehungsaspektes als Motiv zur Teilnahme Älterer an Aktivitäten deutlich hervor. Hier kommen auch die Fragen nach der Zusammensetzung der Gruppe und die Wahl des Themas auf, was der folgende Abschnitt aufgreift.

Das Spannungsfeld altershomogener und -heterogener Themen und Gruppenzusammensetzungen

Ein Schwerpunkt in der Erfassung der Besonderheiten der Zielgruppe Älterer ist der Bereich der Inhalte und Themen sowie der Gruppenzusammensetzung. Auch in der Literatur aller Gattungen wird erwähnt, dass es alterstypische Themen gäbe, die von der älteren Bevölkerung aufgrund ihrer typischen Lebenslagen bevorzugt nachgefragt werden würden, z.B. Gesundheit und Ernährung im Alter, Sterben, Trauer, Krankheit, altersbedingte Einschränkungen und Verluste, Pflege, Rente, Mobilität oder Wohnen (vgl. z.B. Kade in: Bergold et al. 1999: 135; de Groote 2013: 50f.; Wingchen 2001: 168). Diese Themen werden von den Interviewten auch als alterstypische Themen bezeichnet, weswegen es eigens dazu konzipierte Angebote und Gruppen in den Initiativen gibt (vgl. z.B. I2: 140ff.; I4: 91 und I3: 182ff.). Bei altersspezifischen Themen ist auch die Gruppenzusammensetzung meist altershomogen.

Daneben gibt es aber auch Themen und Aktivitäten, die altersübergreifend sind und in altersheterogenen Gruppen stattfinden, wie z.B. Reisen (vgl. z.B. I6: 33). Das Thema des intergenerationellen Austauschs tritt bei I1 besonders deutlich hervor, da einige Projekte vom Seniorenbüro genau hier ansetzen, wie z.B. bei „Josch" (Jugend ohne Schulden). Außerdem sei das Seniorenbüro zwar mit dem Schwerpunkt Senioren geplant worden, aber „mittlerweile für alle Generationen geöffnet" (I1: 37), mit dem Wunsch nach der Erweiterung und dem Ausbau der Begegnungsmöglichkeiten aller Generationen (vgl. I1: 382). Das verbindende Glied ist im Kontext des generationenübergreifenden Austauschs stets das gemeinsame Thema (vgl. I1: 33).

Bei I3 wird angemerkt, dass „das Generationenübergreifende gleich im Titel" (I3: 4) festgehalten sei, nämlich durch den Zusatz „plus-minus" und dass durchaus unterschiedliche Altersgruppen an den Aktivitäten der Initiative teilnehmen würden (vgl. ebd.; 8). Die Initiative 50plus-aktiv ist mit dem regionalen (politischen) Umfeld stark vernetzt und kooperiert auch mit Schulen. So wird also auch hier der intergenerationelle Austausch umgesetzt (vgl. I5: 66). Auch in I6 wird die Begegnung der Generationen als wichtiges Ziel angegeben: „Also dieser Punkt, Jung-Alt, ist uns schon sehr wichtig" (I6: 106). Insgesamt ist also festzuhalten, dass alle befragten InterviewpartnerInnen den intergenerationellen Austausch für wichtig erachten und in unterschiedlichem Umfang umsetzen und fördern.

In allen untersuchten Institutionen werden sowohl altersspezifische als auch altersübergreifende Themen angeboten. Durch diese „bunte Mischung" (I6: 68) der Themen und Aktivitäten können die verschiedenen Bedürfnisse und Interessen der älteren Menschen erfasst werden. Das gilt auch für die Gruppenzusammensetzung, denn einige Ältere wünschen sich den Kontakt zu anderen Generationen und Altersgruppen, andere wiederum möchten in einer altershomogenen Gruppe bleiben. Hier sei darauf hingewiesen, dass die thematische Ausgestaltung von Angeboten und die Zusammensetzung der Gruppen sowohl Motivation zur Teilnahme aber auch eine Teilnahmebarriere Älterer sein kann.

Gemeinsames Altern der Teilnehmenden und Gruppen als kontroverses Thema in den Institutionen

Ein nicht unerheblicher Teil aller statistisch erfassten Behinderungen sind Altersbehinderungen zuzurechnen, die im Alter durch verschiedene Krankheiten und Verlusterscheinungen auftreten können (vgl. Statistisches Bundesamt 2015: o. S.). Vor diesem Hintergrund erhält der Begriff Inklusion im Kontext der Altenbildung eine ganz neue Bedeutung und weitere Facette. Mögliche Verlusterscheinungen und Einschränkungen der Teilnehmenden sind demnach auch Themen in den Interviews.

Zunächst sei aber auf die Aussage eines Interviewpartners hingewiesen, der auf die Bedeutung des Bewusstseins aller Altersgruppen für mögliche Entwicklungen im Alter hinweist und damit auch – möglicherweise defizitär behaftete – Altersbilder anspricht:

> „Das Leben wird ja irgendwie eingeschränkter und ich denke, trotzdem wird es reicher, ne? Und diesen Reichtum eben zu öffnen, den Blick dafür, das Bewusstsein dafür zu öffnen, das denk ich, ist einfach ganz wichtig" (I4: 91).

Alle Befragten geben auf die Frage, ob Alterserscheinungen eine Rolle spielen würden und wie man damit umgehen würde, durchweg an, dass mit möglichen Beeinträchtigungen sowohl von haupt- und ehrenamtlich Mitarbeitenden, wie auch den Teilnehmenden in den Gruppen und Aktivitäten wie selbstverständlich umgegangen wird: „Also das ist für die Gruppe selbstverständlich gewesen, dass Menschen mit Handicap dazugehören und Punkt" (I3: 58). Das Thema Alterserscheinungen, Krankheiten und mögliche Beeinträchtigungen ginge schließlich alle etwas an und aus dem Grund würden immer Möglichkeiten gesucht, beeinträchtigte Menschen – hier besonders bezogen auf Mobilitätseinschränkungen – einzubeziehen und sie an dem Geschehen teilhaben zu lassen. G:

> „Also wir arbeiten ressourcenorientiert, das heißt, jeder Mensch hat Ressourcen, ob er mobil ist oder nicht [...]. Also Aktivität wird ja immer mit Mobilität verbunden und dann schauen wir halt, [...] dass der dann sich irgendwie beschäftigen kann oder halt aktiv einbringen kann in dem Rahmen, in dem das möglich ist. [...] Und dann muss man halt dafür sorgen, dass wenn sie nicht mobil sind, dass man die Mobilität ermöglicht" (I1: 134).

Weiter ist eine Möglichkeit des sensiblen Umgangs mit den Bedürfnissen und Lebenssituationen älterer Menschen auch die Entschleunigung von Angeboten: „Es gibt ja auch schon Angebote – Reisen mit Älteren, mit Älteren, (.) die dann auch nochmal drei Gänge runterschalten" (I5: 124), wie auch die Differenzierung von Angeboten je nach den Bedürfnissen der Zielgruppe. Ein Beispiel ist im Angebot des pluspunkts zu finden, denn dort gibt es

> „einen Wandertreff und einen Schlendertreff [...]. Heißt also auch, wir haben in der Arbeit eine Differenzierung und in den Einzelkonzepten aber auch schon eine Differenzierung mit drin" (I6: 37), also nie „so dieses Hammelherdenkonzept" (ebd.).

In allen Gattungen der Literatur geht es immer wieder auch um den Versuch einer Differenzierung der Lebensphase des Alters (vgl. z.B. Laslett 1995). Eine Möglichkeit ist die Einteilung der Phase in das sogenannte dritte und vierte Lebensalter (vgl. Kap. 3.1.2). Diese Einteilung ist, wie erwähnt, zwar auch eine Form der Kategorisierung, kann jedoch trotzdem dabei behilflich sein, die unterschiedlichen Bedürftigkeiten älterer Menschen abzubilden und diese dann in der Planung und Gestaltung von Altenbildungsangeboten zu berücksichtigen. Daher findet die Unterteilung in zwei Phasen auch in den Interviews Erwähnung, eine Dreiteilung kommt nicht vor: H: „[...] das Alter ist jetzt, der Ruhestand ist gestuft, es gibt die aktiven Alten – die jungen Alten und die Hochaltrigen" (I2: 67; vgl. I3: 48). Der Sinn dieser Einteilung findet sich in der Zuschreibung der Bedürfnisse und Bedürftigkeiten, die dem dritten und vierten Lebensalter je zugeordnet werden: So werden dem dritten Lebensalter Menschen zugeordnet, die körperlich und geistig fit sind, sich engagieren und aktiv einbringen wollen: L:

> „[...] heute haben wir diese Gruppe der bis 80 Jährigen sag ich mal, die so fit sind, die sehr viel tun, sehr viel machen, die auch noch geistig da sind, gut beieinander sind und so weiter, denen alles so positive Sachen zugeschrieben werden aber dagegen gibt es dann die Gruppe der über 80 Jährigen, [...] wo es dann wirklich wieder defizitär wird" (I1: 130; I5: 54).

Ähnlich ist es im dritten Interview, wo jedoch auch erwähnt wird, dass diese Einteilung eine neuere Entwicklung im Kontext des demografischen Wandels sei:

> „Reden wir noch von dem demografischen Wandel und der sich wirklich ja nun offensichtlich zeigenden guten dritten Lebensphase, die ja für viele Menschen bis in die 80er hineinreicht, dass man sagt, also: Ich bin nicht alt und krank, sondern ich bin alt und im Kopf topfit" (I3: 48).

Die Befragten sind jedoch gegen die Bezeichnung „junge Alte" und „alte Alte" (vgl. I4; I6: 113, 37).

In den Interviews wird auch das Thema der Hochaltrigkeit angesprochen, eine Thema, dass auch in der Literatur in den letzten Jahren zunehmend präsenter geworden ist (vgl. Petzold, Horn, Müller 2011; Bögge 2009). In den Interviews und auch der Literatur sind damit Menschen in höherem Alter gemeint, die nicht selten von altersbedingten Beeinträchtigungen und Verlusterscheinungen betroffen sind, z.B. durch (chronische) Krankheiten. Die Hochaltrigkeit wird daher oft auch in der vierten Lebensphase verortet (vgl. ebd.).

Statistische Erhebungen zeigen, dass die Anzahl hochaltriger Menschen in Zukunft steigen wird (vgl. z.B. Buchen, Maier 2008: 7; Petzold, Horn, Müller 2011: 7ff.), was die Gesellschaft und hier vor allem die Akteure, die mit und für ältere Menschen arbeiten, vor neue Herausforderungen stellt. Dies ist in allen Institutionen präsent:

> „[...] auch das vierte Lebensalter. Und damit sind wir als Institution auch nochmal neu herausgefordert: Was heißt das, viertes Lebensalter? Stichwort politische Bildung mit so alten Leuten, mit eingeschränkten Leuten, also von daher kommen für uns auch nochmal neue Themen, neue Herausforderungen in den Blick" (I5: 40).

Wichtig ist den Interviewten jedoch, nicht „dieses defizitäre Hochaltrige abzustempeln letztendlich (G: mhm) und zu stigmatisieren [...]. Ich find es wichtig, auf die Bedürfnisse zu gucken" (I1: 146). Es zeigt sich die Notwendigkeit der Bedürfnis- und auch Kompetenzorientierung, die losgelöst vom Alter der Menschen stattfinden sollte, denn „jeder Mensch <u>hat</u> Ressourcen, ob er mobil ist oder nicht" (I1: 134). Als Konsequenz des Zuwachses in der Altersgruppe der Hochaltrigen wird in Bornich eine neue Initiative ins Leben gerufen, die „Initiative für Bornich", die (neue) Formen der Partizipation eingeschränkter Hochaltriger, getragen von der Kirche, entwickeln will (vgl. I3: 232).

An dieser Stelle wird der Bedarf der Ergänzung von Komm- um Geh-Strukturen in der Altenbildung deutlich, um auch Menschen mit möglichen mobilitätsbezogenen Beeinträchtigungen erreichen und einbeziehen zu können (vgl. I1, I3).

Eine weitere Möglichkeit, um beeinträchtigte Menschen in Angebote und Aktivitäten inkludieren zu können, ist der Einsatz neuer Medien (vgl. I3).

Besonders in den selbstorganisierten Initiativen ist das Thema der gemeinsamen Alterung der Gruppe(n) und zugleich der individuellen Alterung der Teilnehmenden präsent, womit gewisse Herausforderungen für die Initiativen verbunden sind.

Doch zunächst sei die Entwicklung zu schildern, dass sich bei den Initiativen Aktive Mitte, 55 plus-minus und 50plus-aktiv die im Titel benannte Alters- bzw. Zielgruppe deutlich verändert habe: H:

> „Der Name [Aktive Mitte, K.H.] ist so ein Selbstanspruch gewesen und wie wir anfingen, waren wir so ja um die sechzig rum, Mitte fünfzig und das Selbstverständnis war fünfzig plus und die Realität ist inzwischen fünfundsechzig plus oder ja, siebzig plus und so" (I2: 67).

So auch in der Initiative 50plus-aktiv:

> „[…] ich erlaube mir inzwischen die 50 immer in Anführungsstriche zu schreiben, weil Leute immer ganz überrascht sind, wenn da 50 plus steht, sie tauchen da auf und gucken in die Gesichter von 60, 70, fast 80 Jährigen" (I5: 36; vgl. I4: 93).

Die gemeinsame Alterung der Gruppe(n) bringt Chancen aber auch Herausforderungen mit sich. Die Chancen sind in dem gewachsenen Zusammenhalt der Gruppe(n) zu finden, wodurch ältere Menschen Sicherheit und Geborgenheit erfahren und ihre Motive zur Teilnahme erfüllen können. Das zeigt z.B. die Beschreibung der Gruppe der aktiven Mitte: O:

> „Es ist eine aktive neugierige Gruppe mit ganz unterschiedlichen Personen, Persönlichkeiten. Wir kennen uns zehn Jahre und ich kann wirklich sagen, wir sind zusammengewachsen. Wir kennen uns sehr gut, wir gehen sehr achtsam miteinander um, wir können viel zusammen lachen, das ist für mich auch was ganz Wichtiges" (I2: 68).

Bei den Herausforderungen geht es in Bezug auf das Altern der Teilnehmenden um mögliche altersbedingte Einschränkungen, denn die Initiativen haben die gemeinsame Aktivität zum Ziel. Treten zunehmend altersbedingte Verluster-scheinungen auf, ergibt sich die Frage, ob und wie das ursprüngliche Ziel des gemeinsamen Aktiv-Seins weiter verfolgt werden kann: O:

> „Wir sind im Augenblick noch in der ganz ganz glücklichen Lage, dass wir relativ mobil sind [...]. Ich lege ganz großen Wert drauf, dass wir jetzt im Moment noch viel draußen erleben können, dass wir noch viel Museen oder in Konzerte und das ganze Spektrum, was sich draußen abspielt, dass wir das jetzt noch wahrnehmen können, damit wir – die inaktive Zeit wird für uns auch kommen, dass wir dann diese Erfahrungen und diesen Genuss (schmunzelt), den wir jetzt haben, in uns ge-speichert haben" (I2: 12, 14). O: „Also Inaktivität wird mit Sicherheit ein Thema werden" (I2: 490).

Auch der professionelle Begleiter der Initiative aus der EKHN sieht diese Her-ausforderung: E: „[...] es taucht auch am Horizont auf, wie können wir damit umgehen, eine aktive Gruppe zu bleiben, auch wenn Immobilität auftaucht, ja?" (I2: 395).

Eine weitere Herausforderung, die sich aus der gemeinsamen Alterung der Gruppe(n) ergibt, ist die Frage nach der Durchlässigkeit für neue Teilnehmende. Die Gewinnung und Unterstützung von Leitungs- und Gruppenleitungspersonen im Kontext der Selbstorganisation wurde bereits behandelt, daher geht es hier um die Durchlässigkeit für neue Teilnehmende und damit um den Erhalt der Gruppe(n).

Das Zusammenwachsen und der daraus resultierende Zusammenhalt der Gruppenmitglieder können einer Durchlässigkeit für neue Interessierte entge-genstehen. Das ist bei der Aktiven Mitte ein wichtiges Thema, da die Gruppe klein ist und es nur diese eine Gruppe gibt: H:

> „[...] und bisschen Sorge hab ich, dass wir aber dann auch jetzt gemeinsam alt wer-den. [...] und es ist ganz schwer, dass jemand Neues dazukommt, obwohl wir das vom Selbstverständnis her (1) nicht als abgeschlossen ansehen, sondern wir offen uns halten wollten" (I2: 57).

Oder auch hier: H:

> „[...] man kennt sich jetzt schon seit zehn Jahren und versteht sich, das ist positiv, hat aber auch diese negativen Konsequenzen, dass jemand fremdes jetzt also ganz vorsichtig, also jemand neues integriert werden muss und der sich nicht als ausge-schlossen fühlt, dass er die gemeinsamen Erfahrungen nicht mitgemacht hat, ne?" (I2: 86).

Auch in der Initiative 50plus-aktiv besteht diese Problematik:

„Und wenn jetzt immer quasi Leute so nachkommen, dann würd sich das ja ausgleichen aber da ist echt eine Schwierigkeit. Wenn so eine Gruppe mal gestartet ist und die so durchgeht, dann kann man nicht ohne weiteres Leute dann von außen immer dazukommen lassen. Die fühlen sich immer erst fremd. Also das ist eine relativ hohe Schwelle" (I5: 98).

Chancen und Herausforderungen neuer Medien für inklusive kirchliche Altenbildung

Ältere Menschen stehen neuen Medien, gemeint sind PCs, Laptops, Tablets, Smartphones und Anwendungsmöglichkeiten dieser, wie z.b. dem Internet im weiteren Sinne, ganz unterschiedlich gegenüber. Sie sind nicht wie die meisten jüngeren Menschen wie selbstverständlich damit aufgewachsen, daher gibt es immer noch viele Ältere, denen der Zugang zu neuen Medien schwer fällt oder gänzlich fehlt (vgl. z.B. Gehrke 2008). Ihnen gegenüber stehen jedoch mittlerweile auch viele ältere Menschen, die sich mit neuen Medien gern auseinandersetzen und mit diesen umgehen können und wollen (vgl. I5: 84).

Das besondere Verhältnis älterer Menschen zu neuen Medien wird in allen Interviews angesprochen. Die Aussagen über neue Medien lassen sich thematisch in drei Funktionsbereiche unterteilen, nämlich zum einen in die alltägliche Arbeit der Institutionen, was die Koordination und Organisation angeht, zum anderen in die Öffentlichkeitsarbeit zur Vernetzung und Bekanntmachung der jeweiligen Institution. Der dritte Bereich umfasst die Angebote zu neuen Medien für ältere Menschen im Speziellen aber auch in intergenerationellen Lernformen.

Die meisten der untersuchten Institutionen nutzen das Internet und mitunter eigens eingerichtete Plattformen für die Organisation und Koordination der Treffen und Aktivitäten. Beispielhaft ist die Internetplattform der Initiative 55 plus-minus zu nennen, auf der bestehende und neue Gruppen zu bestimmten Themen vorgestellt werden und für die sich Interessierte per Mail, Anruf oder Brief anmelden können. Weiter können ältere Menschen auf der Plattform eigene Ideen einbringen und selbst eine Gruppe anbieten. So wird aus dem/der IdeengeberIn nicht selten auch der/die BetreuerIn für die sich daraus entwickelnde Gruppe. Die Initiative 55 plus-minus bietet ebenfalls auf dieser Plattform eine „Mitmachbörse für soziale Kontakte" an, bei der Anfragen und Angebote für kleine Dienstleistungen zusammengeführt und koordiniert werden. Wichtig sei und das betont der Interviewte, dass neben den Wegen über neue Medien immer auch die traditionellen Wege genutzt werden sollten, wie z.B. das Telefon, die Post, der Gemeindebrief, die Zeitung oder Aushänge, denn nur so könnten alle (älteren) Menschen erreicht werden (vgl. I3: 90).

Weiter spielen neue Medien und der Umgang mit diesen als Themen von Angeboten eine Rolle: „Also ich sehe da schon auch so ein Bedürfnis in der Gruppe, da auch sozusagen am Ball zu bleiben und den State of the Art möglichst im Griff und im Überblick zu haben" (I4: 101), so ein Befragter, der selbst altersmäßig der Zielgruppe Älterer zuzuordnen ist.

Ein wichtiger Aspekt neuer Medien sind die Chancen der Inklusion und Partizipation älterer Menschen durch deren Einsatz und möglicherweise auch zur Kompensation von möglichen Verlusterscheinungen. Ein Beispiel wird in I3 genannt:

> „Und ich sage mal Bildung ist – (.) wie schon mal angedeutet – ein Menschenrecht bis ins hohe Alter, bis in die Bettlägerigkeit und [...] das ist technisch ganz leicht machbar, ist aber nicht Standard im Augenblick" (I3: 253).

Seine Idee war es, durch den Einsatz neuer Medien einen bettlägerigen Menschen bei Versammlungen per Live-Übertragung mitreden zu lassen. Das sei technisch möglich, jedoch fehle die Akzeptanz bisher noch bei den meisten Beteiligten, da es offenbar große Berührungsängste und starre Strukturen gäbe, die solche Veränderungen behindern würden (vgl. I3: 253).

Auch in I5 werden die Chancen neuer Medien erwähnt:

> „[...] da haben wir ja diverse Projekte gemacht, die Leute fit zu machen in Sachen Internet, Facebook, was sind soziale Netzwerke, da gab es ja auch diesen starken Hintergrund, wenn die Leute im Alter nicht mehr so [...] einen großen Bewegungsradius haben, können sie vielleicht noch über soziale Netzwerke aktiv bleiben" (I5: 58, 60).
>
> „Also da wäre ein riesen Feld für die Bildung, also Partizipation über die modernen Medien" (I5: 88). Inzwischen wären jedoch, und das sagen alle Interviewten, die älteren Menschen deutlich aufgeschlossener neuen Medien gegenüber, kompetenter und sicherer im Umgang mit diesen (vgl. I5: 84). Zum Teil seien Computerkurse sogar schon wieder aus dem Programm genommen worden, da die Nachfrage zu gering sei (vgl. z.B. I6: 85).

Eine Herausforderung neuer Medien wird in I4 beschrieben:

> „[...] wir hatten auch so eine Veranstaltung zu Facebook gemacht und solchen Dingen, obwohl ich dem eher skeptisch gegenüberstehe. Ich glaube, der persönlichen Entwicklung hilft das nicht sehr viel weiter. Das kann auch zu einer Entfremdung führen" (I4: 103).

Ein weiterer Aspekt im Kontext neuer Medien ist die Öffentlichkeitsarbeit. So geht es neben der Bekanntmachung von Angeboten auch um die Sichtbarmachung der jeweiligen Institution in der Region sowie um die Gewinnung neuer Teilnehmenden und eventuell auch neuer KooperationspartnerInnen (vgl. I3: 80; vgl. I6: 39).

5.2.3 Zur möglichen Brückenbaufunktion kirchlicher Altenbildungsarbeit

„Kirchliche Erwachsenenbildung versteht sich als Nahtstelle von Mensch, Kirche und Gesellschaft und hat insofern eine Brückenfunktion inne" (Oberbandscheid 2008: 1, zit.n. Seitter 2013: 13). Diese Brückenbaufunktion, hier im Speziellen in Bezug auf Altenbildungsarbeit in der Kirche, wird in diesem Kapitel anhand der Zusammenführung der Themen aus Kapitel 5.2.1 und 5.2.2 näher erläutert, denn zur besonderen Zielgruppe älterer Menschen kann die Kirche durch neue und innovative, vor allem selbstorganisierte Formen der Altenarbeit Brücken bauen. Dabei geht es zum einen darum, bestehende Verbindungen der Menschen zur Kirche zu stärken aber auch, abgebrochene Verbindungen und zerstörte Brücken möglicherweise wieder aufzubauen oder ganz neu zu konstruieren. Das Besondere an der Form der selbstorganisierten Altenbildung ist die Nähe zu den Teilnehmenden, die in traditionellen Formen meist nur in geringerem Ausmaß hergestellt werden kann. Wie genau diese Nähe entstehen kann und welche Faktoren dabei eine Rolle spielen, wird folgend ausgeführt. Alle Interviewten betonen, dass sie offen sind für alle Menschen, gleich welcher Konfession, Berufs- oder Bildungsgruppen diese sind. Da die Angebote aber alle kirchlich getragen sind, eröffnet sich hier ein Spannungsfeld, welches anhand der Aussagen der Interviewten zum Kapitelende umrissen wird.

Das Spannungsfeld der Nähe und Ferne der Kirche zur Zielgruppe

Die Nähe und Ferne der Kirche zur Zielgruppe Älterer ist aus zwei Perspektiven zu betrachten: einmal aus dem Blickwinkel der räumlichen Nähe/Ferne der Kirche zu älteren Menschen und die andere Perspektive bezieht sich auf die Nähe zu Teilnehmenden durch eine zielgruppenbezogene Ausgestaltung von Aktivitäten.

Im dritten Interview umreißt der Befragte in dem Zusammenhang zunächst die Problematik, mit der er die Kirche aktuell konfrontiert sieht:

> „Aber viel bewegender fand ich und find ich tagtäglich, der Zustand unserer Kirchengemeinden. und da ist ja nun ein Traditionsabbruch, ein nicht mehr mit Bibel umgehen wollen, ein nicht mehr zum Gottesdienst sich halten wollen [...] und wenn ich dann sehe (.) oder gesehen hab, um modernen Pfarrer jetzt nicht aufs Füßchen zu treten, da können sie so viel Bildungsabende ansetzen, wie sie wollen, sie können auch Professoren zu einem hohen Honorar sich einladen, können viele Stühle aufstellen – wenn es niemanden interessiert, kommt niemand, ja?" (I3: 2).

Eine räumliche Entfernung der Kirche zu den (älteren) Menschen kommt unter anderem durch Umstrukturierungen und Zusammenlegungen von Gemeinden und kirchlichen Einrichtungen zustande (vgl. I1: 370). In Offenbach haben z.B. strukturelle Veränderungen stattgefunden, was sich auch an der Umbenennung

der Evangelischen Luthergemeinde in die Evangelische Mirjamgemeinde zeigt.
Die Gemeinde hat dort zu O:

> „Beginn diesen Jahres eine Fusion mit drei weiteren Kirchengemeinden hier hinter
> uns, also begonnen. Noch kann ich hier nicht wahrnehmen, dass sich viel an unserer
> gehabten Struktur, unserer Gemeindestruktur verändert, aber sie steckt halt noch in
> den Kinderschuhen, das ist ja mal grade jetzt ein Dreivierteljahr" (I2: 592).

Im Kreis Heppenheim zeigt sich in der Katholischen Kirche ein ähnliches Bild:
„[…] jetzt werden die Gemeinden auch alle zusammengelegt" (I5: 106). „Da
können auch Veränderungen auch kurzfristig eintreten" (I4: 163).

Durch die strukturelle Umgestaltung der Gemeinden und die Zentralisie-
rung von Einrichtungen können nicht mehr in jedem einzelnen Ort Ansprech-
partnerInnen/PfarrerInnen bzw. Priester in Wohnortnähe der älteren Menschen
sein, „weil […] man einen Priester für fünf oder zehn Gemeinden hat" (I5: 182).
Das hat zur Folge, dass alles „unpersönlicher" (I5: 108) wird. Es kommt die
Frage auf: „Wer soll denn diese Brückenfunktion dann übernehmen?" (ebd.).
Der hauptamtliche Leiter des pluspunkts sieht seine Aufgabe und damit auch die
Aufgabe anderer KoordinatorInnen von Initiativen daher darin, räumlich da zu
sein: „Ich bin hier vor Ort, ich hab meine Tür offen. Ich bin zum Anfassen" (I6:
147). Um diese räumliche Distanz ein Stück weit zu relativieren, können kirch-
liche Altenbildungsangebote laut den Befragten in die Lebenswelt der älteren
Menschen gehen: „Dass man rausgehen muss zu den Hecken und Zäunen, auf-
suchende Bildungsarbeit" (I5: 100) machen.

Weiter könnten die Räume der Kirche für selbstorganisierte kirchliche Initiativen zur Verfügung gestellt werden: „Ich bin jetzt eigentlich so dahinter her,
dass man kirchliche Räume nutzt, vielleicht weil ich möchte, dass Menschen die
Nähe zu ihrer Ortskirche haben" (I3: 134). Diese Aussage findet Anschluss an
das materielle und ideelle Räume-Bieten seitens der Kirche (vgl. z.B. I5: 124).
Leider würden nicht alle Gemeinden diese Chancen nutzen, über die sie bereits
verfügen:

> „[…] deshalb ärgert es mich umso mehr, wenn die ein oder andere Gemeinde die
> Chance, die in so einer kirchennahen allgemeinen Bildungsarbeit steckt, nicht für
> sich nutzen wollen, ja?" (I3: 136).
> „Also ich kann das nicht nachvollziehen, warum man dann seine […] kirchenge-
> meindlichen Räume für so eine (.) kirchlich getragene, sinnvolle Erwachsenenbil-
> dung nicht zur Verfügung stellt" (I3: 130).

Die Befragten berichten auch von starren Strukturen auf allen Ebenen in der
Kirche, die Veränderungen schwierig bis unmöglich machen würden. So wäre
es oft nicht einfach, neue Formen in der Altenbildung zu entwickeln: „Kirche
hat ja ein grundsätzliches Problem: Dieses Selbstorganisierte. Die scheut ja

selbstorganisierte Lernformen" (I5: 100). Als Lösung wird eine Lockerung der starren Strukturen mit der Bereitschaft zur Veränderung bei allen Beteiligten gesehen:

> „Eine Öffnung und ein Zugehen auf die Bedürfnisse und auf den Standort der Menschen, dort wo sie sind und ein Weg von diesem Gruppen- und Kreisdenken, von diesem Vereinsdenken und von den immer wieder gleichen Konzepten, die dahinter stecken" (I6: 168).

Eine zweite Perspektive der Nähe und Ferne der Kirche zu älteren Menschen ist die zielgruppenbezogene Nähe, die durch die Ausgestaltung und den Rahmen von Aktivitäten hergestellt werden kann. Wichtig sei es laut den Befragten, dass das Interesse bei den älteren Menschen geweckt und aufgegriffen wird, denn „wenn es niemanden interessiert, kommt niemand" (I3: 2) und dass Themen aus dem Lebensalltag der Menschen behandelt werden. Es ist also eine breite Vielfalt kirchlicher Bildungsangebote notwendig, damit alle Bedürfnisse, Interessen und Lebenslagen der Zielgruppe Berücksichtigung finden können (vgl. I1: 177). Das Angebot sollte daher sehr differenziert sein (vgl. I1: 181 und I6: 26).

Die Nähe zu einer Initiative zeigt sich darin, ob die Menschen teilnehmen, sich beteiligen und engagieren sowie Ideen einbringen. Wenn die Arbeit der Initiative also „sehr eng und an den Leuten ist" (I6: 93), fühlen sich ältere Menschen in ihren Interessen angesprochen und wahrgenommen. Die Nähe zur Initiative und damit möglicherweise auch ein Stück weit zur Gemeinde/Kirche zeigt sich also in einer „Abstimmung mit den Füßen" (I6: 155). Dabei muss die Verbundenheit mit einer Initiative nicht zwangsläufig eine Brücke zur Kirche herstellen, die Möglichkeit besteht jedoch.

Eine Brücke zu den Teilnehmenden kann vor allem durch Selbstorganisation und umfangreiche Partizipationsmöglichkeiten der älteren Menschen hergestellt werden:

> „[…] und für jeden ist was da, also hoch ausdifferenziert, weil es sehr unterschiedliche Menschen gibt mit unterschiedlichen Bedürfnissen und das ist, kommt in der Arbeit irgendwo drin vor, weil die Leute natürlich die Themen reintragen" (I6: 75).

Insgesamt werden die zielgruppenbezogene und individuelle Nähe zu den Teilnehmenden über die Berücksichtigung ihrer Motive zur Teilnahme an Altenbildungsangeboten hergestellt und zwar auf folgenden Ebenen:

1. Thematische Ebene: Es werden Interessen und Themen aus der Lebenswelt der Teilnehmenden behandelt.
2. Strukturelle Ebene: Es besteht ein Ermöglichungsrahmen für Partizipation und Engagement sowie eine Organisation von „unten".

3. Soziale Ebene: In altershomogenen und/oder -heterogenen Gruppen können Beziehungen und Kontakte gepflegt sowie Gemeinschaft anstatt Einsamkeit erlebt werden.

Die Kombination aller Punkte zeigt das grundlegende Prinzip der Selbstorganisation: Ältere Menschen können zu einem für sie interessanten Thema aus ihrem Lebenskontext gemeinsam mit Gleichgesinnten das eigene Aktiv-Sein gestalten sowie ihre Erfahrungen, Ressourcen und Potenziale in einem vorgegebenen Rahmen einbringen und sich austauschen.

Damit sich Menschen hierauf einlassen und damit möglicherweise auch „Brückenbauarbeit" (I6: 26) möglich wird, müsse kirchliche Altenbildung laut den Befragten sowohl räumlich als auch persönlich nah an der Lebenswelt älterer Menschen und „menschlich wahrnehmbar" (ebd.) sein. Das betont auch der Leiter des pluspunkts: „Ich bin hier vor Ort, ich hab meine Tür offen. Ich bin zum Anfassen. [...] Und nur so geht Kirche und nur so geht meines Erachtens auch Erwachsenenbildung" (I6: 147).

Die Kontroverse kirchlicher Trägerschaft bei gleichzeitiger Offenheit für alle älteren Menschen mit und ohne Konfession

Interessant ist bei allen Initiativen, dass sie zwar an die Kirche angebunden sind, jedoch betonen alle interviewten Personen, dass sie offen sind für alle Konfessionen:

> „Wir laden eben nicht den Herrn sowieso oder die Frau sowieso ein, sondern es ist immer offen, damit der Partner, der Freundin oder wer auch immer mit eingeladen ist" (I3: 42), denn die „Projekte sind öffentlich zugänglich" (I3: 52).

Hier zeigt sich, dass die mögliche Brückenbaufunktion kirchlicher (Alten-)Bildungsarbeit nicht nur die konfessionell zugehörigen Menschen erreichen möchte, sondern dass Menschen jeglicher Konfession oder auch Konfessionslose in der Gemeinde in den Angeboten und der Kirche willkommen sind. In der Initiative 50plus-aktiv ist es z.B. so,

> „dass es die Leute schon im Blick haben, dass hier eine Wertorientierung im Hintergrund steht aber es keine Rolle spielt, ob die evangelisch, katholisch, frei und wie auch immer sind" (I5: 140).

Im pluspunkt wird betont: „Jeder ist bei uns willkommen [...]. Und das [...] steht nicht nur da, das ist wirklich auch so gemeint" (I6: 41). Auch das Seniorenbüro benennt diese Offenheit: G: „[...] da spielen die Werte, diakonischen Werte natürlich auch eine Rolle, ja, aber sie ist für uns jetzt nicht ausschlaggebend. Wir sind erstmal einfach für alle da" (I1: 127). Auf die Frage nach Wünschen für die Zukunft gehen die Befragten aus dem Seniorenbüro noch einen Schritt weiter: G: „Winkelsmühle inklusiv sagen wir nur, ja. Also das ist ja ein Ziel, das wir durchaus haben, die Öffnung in die Nachbarschaft, ins Quartier und wirklich alle mit ins Boot holen" (I1: 380).

In der Aktiven Mitte hat diese Öffnung schon Brücken bauen können: H: „Da sind also Leute dann wieder zurückgekommen, die sonst in der Gemeinde eigentlich schon fast verloren waren und die [...] kommen auch manchmal in die Gottesdienste aber [...] es ist keine zwanghafte Verbindung zu der inneren Kirchengemeinde, sondern die Gruppe lebt so und wer kommt, ist akzeptiert" (I2: 67).

In den Interviews wird auch angesprochen, dass trotz einer Vielfalt an Angeboten und Aktivitäten, bei noch so aufwendig und lebensweltnah gestalteten Formen der Altenbildung akzeptiert werden muss, wenn Menschen nicht teilnehmen wollen: L: „Und Bedürfnisse heißt auch, sie dürfen auch das nicht tun, was wir anbieten" (I1: 146; vgl. I6: 53 und I3: 104).

In den Interviews wird in Bezug auf die Öffnung der Initiativen mehrfach mit dem Bild des Vereins gearbeitet, was starre und eingeengte Strukturen, Handlungs- und Denkmuster abbildet, die von den Interviewten eher abgelehnt werden (vgl. I6: 39): H:

„Wir sind kein Kirchenverein" (I2: 67) und „[...] wir haben keinerlei Ausgrenzungen, sprich jetzt wie in Kirchengemeinden, die eben sagen: Ok, also Vereinsmitglied darf und ansonsten sorry, Gruppen und Kreise, geschlossen, ja?" (I6: 45).

Jedoch sind laut dem Interviewpartner aus I5 Vereinsstrukturen nicht nur negativ zu bewerten, sondern können auch, z.B. wenn es um finanzielle Fördermöglichkeiten geht, von Vorteil sein (vgl. I5: 56).

Im pluspunkt war ein grundlegendes Motiv für die Gründung der Initiative die Inklusion neuer MitbürgerInnen in die Gemeinde, was mit den damals bestehenden Angebotsformen nicht funktionierte. Durch die unterschiedlichen Aktivitäten der Initiative können laut dem Interviewten nun neue MitbürgerInnen in die Gemeinde integriert werden. Auch der sogenannte „Stuhlkippeffekt" (I6: 6) kann größtenteils umgangen werden:

„Der Stuhlkippeffekt funktioniert so, dass also bei der Frauenhilfe dann jemand an einem Tisch saß und rechts und links war der Stuhl umgekippt, weil rechts immer die Frau Schulz saß und links immer die Frau Schmidt saß und dann kam jemand neues hinzu: Nein, da ist besetzt aber die Frau Schulz (I6: 6) [...] war schon ein halbes Jahr nicht mehr da, weil sie im Krankenhaus war und die Frau Schmidt war auch schon aber da durfte sich keiner mehr hinsetzen" (I6: 8).

Insgesamt sehen alle Befragten große Chancen und Potenziale in der kirchlichen Bildungsarbeit, wenn starre Strukturen gelockert würden, eine Bereitschaft für Veränderungen bei den Beteiligten auf allen Instanzen bestünde und neue Formen der Altenbildungsarbeit entwickelt und umgesetzt werden könnten:

> „[…] und ich denk, die kirchliche Bildungsarbeit, die hätte da auf jeden Fall mehr Chancen, also sie müsste da offener, partizipativer werden, sie müsste vielleicht nicht Kirche oben groß drüberstehen haben" (I5: 100).

Die Auswertung der empirisch-qualitativen Untersuchung in den fünf exemplarisch ausgewählten Institutionen aus dem kirchlichen Kontext hat vor allem am Beispiel der Selbstorganisation Chancen und Herausforderungen neuer Formen für eine inklusive kirchliche Bildungsarbeit herausgearbeitet, wie z.b. die mögliche Brückenbaufunktion der Kirche zur Zielgruppe älterer Menschen. Weiter wurden die Besonderheiten dieser Zielgruppe im Kontext kirchlicher Altenbildungsarbeit und der Selbstorganisation skizziert.

In der Auswertung zeigen sich erste Ansätze und Hinweise auf Empfehlungen und Gelingensfaktoren im Rahmen einer inklusiven kirchlichen Altenbildung, die nun folgend zunächst allgemein in unterschiedlichen (didaktischen) Bereichen und dann konkretisiert auf Empfehlungen für selbstorganisierte Initiativen herausgearbeitet werden.

6 Ableitung von Empfehlungen für eine diversitätorientierte kirchliche Bildung im Alter

Nun folgend werden Empfehlungen für eine inklusive kirchliche Altenbildungs-arbeit aus den unterschiedlichen Zugängen zur Erfassung der Altenbildungspra-xis im Kontext der Kirche, vor allem aus der Literaturanalyse (Kap. 3) und der Auswertung der Interviews mit VertreterInnen der untersuchten Institutionen (Kap. 5.2) abgeleitet. Die meisten Vorschläge sind dabei nicht explizit auf den Aspekt der Inklusion ausgelegt, sondern vielmehr allgemein und umfassend zu verstehen, gleichwohl können sie zu einer Inklusion älterer Menschen in traditi-onelle und neue Formen der kirchlichen Altenbildung beitragen. Inklusion ver-steht sich in diesem Kontext in Bezug auf die heterogene Gruppe älterer Men-schen also, wie bereits dargelegt, diversitätsorientiert.

Die Vorschläge und Ideen aus der Literatur ähneln größtenteils denen der Interviews. Einige Empfehlungen werden in den Interviews jedoch mit Erfah-rungen aus der Praxis angereichert oder ausschließlich dort erwähnt. Darauf wird in den folgenden Ausführungen jeweils hingewiesen.

Bei der Zusammenstellung der Empfehlungen bildeten sich thematische Blöcke heraus, die sich an den didaktischen Ebenen der Literaturanalyse (siehe Kap. 3) orientieren und im Folgenden für die strukturierte Abbildung der Ideen und Vorschläge genutzt werden. Zunächst werden die organisationalen Rah-menbedingungen für eine inklusive kirchliche Altenbildung abgebildet (6.1), an die sich das Themenfeld der Vernetzung und Einbettung kirchlicher Altenbil-dungsarbeit in einer Gemeinde/Region anschließt (6.2). Dieser Punkt ist zwar ebenfalls eine Rahmenbedingung, wird jedoch in der Literatur und den Inter-views besonders hervorgehoben, sodass er gesondert dargestellt wird. Danach werden die Empfehlungen für Orientierungen in der Ausgestaltung und Planung von Aktivitäten behandelt (6.3). Ein weiteres Themenfeld ist das der Altersbil-der (6.4). Empfehlungen im Themenbereich von Professionellen für eine inklu-sive kirchliche Altenbildungsarbeit folgen darauf (6.5).

Die Empfehlungen beziehen sich bis zu diesem Punkt prinzipiell sowohl auf traditionelle als auch neue Formen der Altenbildung, Notwendigkeiten der Differenzierung sind jeweils angegeben. Da die Selbstorganisation in der vor-liegenden Untersuchung als Beispiel für eine neue Form inklusiver kirchlicher Altenbildungsarbeit umfassend beschrieben und fokussiert wird, werden die Empfehlungen aus Kapitel 6.1 bis 6.5 zum Kapitelende auf Selbstorganisation ausgerichtet, konkretisiert und zugespitzt (6.6).

6.1 Organisationale Rahmenbedingungen für eine inklusive kirchliche Altenbildung

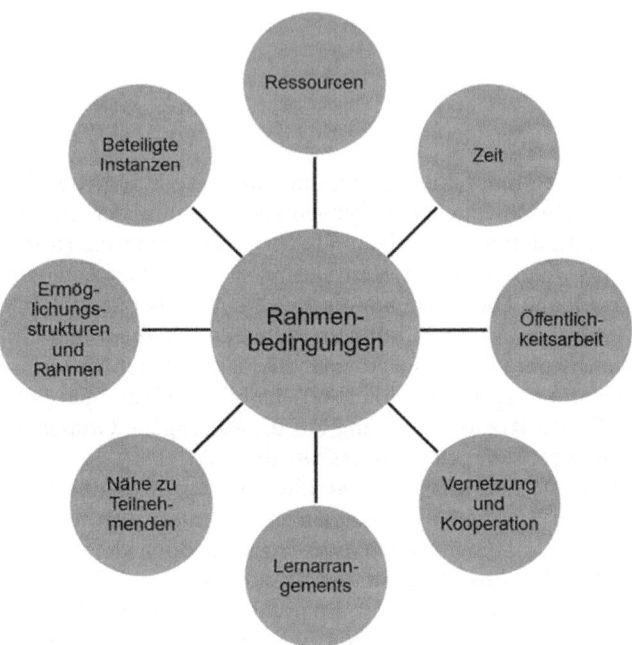

Abbildung 2:   Übersicht zu organisationalen Rahmenbedingungen für inklusive kirchliche Altenbildung

Um als Institution handlungsfähig zu sein und überhaupt bestehen zu können, sind gewisse Ressourcen notwendig, wie z.B. ausreichend finanzielle Mittel, Räume, Arbeitsmaterial, technische Ausstattung und gut geschultes Personal bzw. Professionelle (vgl. Kap. 6.5). Diese Ressourcen benötigen alle Formen kirchlicher Altenbildung, daher sollten alle Ebenen – Organisation, Leitung und Gruppenebene – mit ausreichend Ressourcen ausgestattet sein.

Ergänzt werden diese Ressourcen um den Faktor der Zeit. Zeit erfährt hier auf unterschiedlichen Ebenen Bedeutung. So benötigen hauptamtlich Mitarbeitende ausreichend Zeit für die Planung, Durchführung und Nachbereitung von Angeboten. Auf der ehrenamtlichen Ebene – von der Leitungs-, über die Gruppen-, bis hin zur Teilnehmendenebene – spielt der Zeitfaktor ebenfalls eine große Rolle, doch nimmt er einen anderen Stellenwert ein als bei den Hauptamtlichen, weil hier der Zeitaufwand aus der privaten Freizeit der Engagierten aufgebracht wird und in der Regel nicht entlohnt wird. Da die verschiedenen Formen des Engagements sehr zeitintensiv sein können, bedarf es einer hohen Bereitschaft Freiwilliger, Zeit für das Engagement zu investieren. Weiter ist der Einsatz der Teilnehmenden eine grundlegende Bedingung für das Bestehen einer solchen Initiative (vgl. I2: 55 und I4: 89). Selbstorganisierte Gruppen benötigen einen festen Kern an Teilnehmenden, der trotz aller Freiwilligkeit der Teilnahme bestehen bleibt (vgl. I4: 151 und I1: 573), was ebenfalls einer entsprechenden Teilnahmebereitschaft bei den älteren Menschen bedarf.

In den Themenkomplex der Zeit muss auch die Angebotsgestaltung einbezogen werden. Wie bereits aufgezeigt, sind den meisten älteren Menschen der Beziehungsaspekt, das Knüpfen von Kontakten und das Zusammensein mit anderen Menschen sehr wichtig und ein Motiv für die Teilnahme an Angeboten. Um dieses Motiv umsetzen zu können, benötigen die Teilnehmenden ausreichend Zeit vor, während und nach einer Aktivität, die eingeplant werden sollte. Um Beziehungen und Gruppenzusammenhalt zu fördern, sind darüber hinaus angemessene Gruppengrößen von Vorteil, die sich je nach Thema (vgl. z.B. I4: 150, 152), Aktivität und Form des Angebots unterscheiden sowie altersheterogen oder -homogen zusammengesetzt sein können. Hier sollten die Bedürfnisse der Zielgruppe sowie Anliegen und Ziele der jeweiligen Veranstaltung erfragt und beachtet werden.

Neben dem zeitlich eingeplanten Ermöglichen von Beziehungen sollten Angebote und Aktivitäten, wie auch das Lerntempo und die Stoffvermittlung insgesamt entschleunigt werden, was die Interviewten im Gegensatz zur Literatur deutlich herausstellen (vgl. I5: 124).

Ein weiterer Punkt zum Thema Zeit ist die zeitliche Planung von Aktivitäten. Diesen Aspekt stellt vor allem die Literatur aber auch das zweite Interview heraus. So sei es sinnvoll, Aktivitäten in den Tagesrhythmus von Älteren einzupassen. Angebote sollten daher weder früh am Morgen noch spät am Abend stattfinden und generell nicht über einen zu langen Zeitraum reichen (vgl. I2; Pallenberg, DZA 1981: 6; Tippelt, Schmidt in: Tippelt et al. 2009: 204; Theunissen 2002: 87f.).

Die Orte für Treffen und Aktivitäten sollten in Wohnortnähe der älteren Menschen platziert werden, um mögliche Mobilitätsbeinträchtigungen kompensieren zu können. Generell ist es von Vorteil, wenn die Aktivitäten schnell und leicht erreicht werden können. Für Menschen, die über ein Auto verfügen, sollten ausreichend Parkplätze vorhanden sein. Können Ältere aus verschiedenen Gründen nicht mit dem PKW anreisen, benötigen sie eine gute Anbindung an öffentliche Verkehrsmittel oder es können Fahrdienste eingerichtet werden (vgl. I1: 134). Sind Menschen an ihre Wohnung gebunden, kann mit zugehenden Formen der Altenbildung gearbeitet werden. Generell ist es für eine inklusive Altenbildung sinnvoll, Komm- und Gehstrukturen nebeneinander anzubieten, was jedoch eine Frage der Ressourcenausstattung der anbietenden Institution ist.

Weiter können auch neue Medien, wie z.B. Laptops oder Tablets mit Internetzugang eingesetzt werden, um mobilitätsbeeinträchtigten Menschen Teilhabe zu ermöglichen (vgl. I3: 253). Es muss aber bedacht werden, dass nicht alle älteren Menschen mit neuen Medien umgehen wollen und können – und dies auch nicht müssen. Weiter sollten eventuell bestehende Berührungsängste oder Ablehnungen gegenüber neuen Medien ernstgenommen werden.

Insgesamt können Hilfsmittel in verschiedenen Formen in den Aktivitäten genutzt werden, um mögliche Beeinträchtigungen Älterer zu kompensieren, wie z.b. Hörhilfen oder Technik im Bereich der Sehbeeinträchtigung. In den Interviews wird deutlich, dass der Umgang aller Beteiligten mit Beeinträchtigungen von Gruppenmitgliedern als selbstverständlich angesehen wird (vgl. z.B. I3: 8). Einem solchen Umgang mit altersbedingten Verlusterscheinungen sollten sich auch alle anderen an der Altenbildung beteiligten Akteure anschließen.

Hier ergeben sich die Notwendigkeiten der Barrierefreiheit der Räume, wie auch der entsprechenden Ausstattung der Treffpunkte. Generell sollten Aktivitäten in alterssensiblen Lernarrangements stattfinden. Dazu zählen zahlenmäßig ausreichende, altersgerechte und bequeme Sitzmöglichkeiten in angemessen großen Räumen, von denen aus die Teilnehmenden bei hellem Licht alles gut sehen, hören sowie kommunikativ sitzen können. Die notwendige technische Ausstattung sollte verfügbar sein und es sollten sich genügend barrierefrei zugängliche sanitäre Anlagen vor Ort befinden. Auch für das leibliche Wohl sollte vor Ort gesorgt werden können.

Zielgerichtete Werbung und Öffentlichkeitsarbeit sind wichtige Rahmenbedingungen für kirchliche Altenbildungsarbeit, denn sie machen die Arbeit für und mit älteren Menschen in der Gemeinde und Region sichtbar und können so möglicherweise zu mehr Wertschätzung führen. Dies kann unter Umständen die Unterstützung der Altenbildung mit mehr Ressourcen, z.B. von Seiten der Gemeinde, der regionalen oder überregionalen Politik anregen.

Neue Formen der kirchlichen Altenbildung können sich nur in flexiblen Strukturen entwickeln und dort bestehen. Weiter sollten alle beteiligten Instanzen die gesellschaftlichen demografischen Entwicklungen und die daraus entstehenden notwendigen Veränderungen erkennen, offen dafür sein und sich konstruktiv einbringen.

Eine weitere förderliche Rahmenbedingung ist die Einbettung anbietender Institutionen der Altenbildung in gut funktionierende und sinnvolle Kooperationsstrukturen, um Synergien zu nutzen, sich austauschen und eine breite Palette an Angeboten und Formen für die unterschiedlichen Bedürfnisse älterer Menschen anbieten zu können.

Traditionelle aber vor allem selbstorganisierte Formen kirchlicher Altenbildung benötigen einen zentralen Organisationspunkt, an dem alle Fäden zusammenlaufen und von dem aus alles koordiniert wird. Dieser Aspekt wird nur in den Interviews so deutlich erwähnt (vgl. I6: 14).

Selbstorganisierte Initiativen bestehen in Anbindung an eine Institution, z.B. Kirche/Gemeinde. Dieser Punkt wird ebenfalls nur in den Interviews sehr ausdrücklich betont (vgl. I5: 10, 114). Diese Anbindung kann jedoch bei der Frage nach der (Un-)Abhängigkeit einer Initiative zu einem Spannungsfeld werden, was stets reflektiert und mitbedacht werden muss (vgl. I4: 73, 163 und I5: 40).

Insgesamt sollte kirchliche Altenbildung neben traditionellen Formen zunehmend auch neue Formen mit vielfältigen Möglichkeiten der Partizipation und unterschiedlichen Rahmen für Selbstorganisation und Mitgestaltung anbieten. Diese sollten in einem Aushandlungsrahmen und nicht gänzlich frei offeriert werden, denn eine völlige Gestaltungsfreiheit kann zu einer Überforderung der beteiligten Menschen führen, wie auch zu Konflikten (vgl. I2: 110).

Zusammenfassend können für die organisationalen Rahmenbedingungen inklusiver kirchlicher Altenbildung folgende Empfehlungen festgehalten werden:

- Alle Ebenen der Bildungsarbeit sollten mit ausreichenden und entsprechenden Ressourcen ausgestattet sein.
- Altenbildungsangebote sollten in der zeitlichen Planung und Durchführung alterssensibel geplant und insgesamt entschleunigt werden.
- In den Aktivitäten sollte ausreichend Zeit für den Aufbau und die Pflege von Beziehungen sowie informellen Austausch eingeplant werden.
- Themen, Inhalte und Formen der Aktivitäten sollten den Bedürfnissen der Älteren entsprechen und in angemessenen Gruppengrößen stattfinden, die je nach Aktivität altersheterogen oder -homogen zusammengesetzt werden.
- Veranstaltungen sollten in Wohnortnähe der älteren Menschen und/oder mit öffentlichen Verkehrsmitteln leicht erreichbar sein.
- Mobilitätsbeeinträchtigte Menschen sollten mit Fahrdiensten, zugehenden Strukturen sowie durch den Einsatz neuer Medien einbezogen werden, sofern sie dies wünschen.
- Neue Medien sollten an den Bedürfnissen der Teilnehmenden orientiert eingesetzt und eventuelle Berührungsängste ernstgenommen werden.
- Veranstaltungen sollten in alterssensiblen Lernarrangements stattfinden. Dazu zählen z.B. barrierefrei zugängliche, angemessen große Räume, entsprechende Sitzmöglichkeiten und technische Ausstattung.
- Werbung und Öffentlichkeitsarbeit erfolgen auf unterschiedlichen Wegen und machen die Bildungsarbeit für alle Altersgruppen sichtbar.
- Einrichtungen sollten Kooperationen und Netzwerke bilden und pflegen.
- Vor allem neue Formen der kirchlichen Altenbildung benötigen flexible Strukturen, die Bereitschaft für Veränderungen und konstruktive Beteiligung aller Instanzen.
- Alle Formen der Altenbildung benötigen einen zentralen Organisations- und Koordinationspunkt für die Arbeit der Institution.

- Vor allem selbstorganisierte Initiativen können meist nur in Anbindung an eine Institution bestehen, hier kann das die Kirche/eine Gemeinde sein.
- Bei umfangreicheren Angeboten bietet es sich an, bausteinartige Veranstaltungsmodule zu entwickeln, wo auch Pausen bzw. das Fernbleiben der Teilnehmenden über einen gewissen Zeitraum möglich sind.
- Kirchliche Altenbildung sollte neben traditionellen zunehmend auch neue Formen für Partizipation und Selbstorganisation ermöglichen und dafür einen fest definierten Rahmen vorgeben, quasi Ermöglichungsstrukturen schaffen.

Tabelle 4:   Empfehlungen für eine inklusive kirchliche Altenbildung auf organisationaler Ebene

6.2 Regionale Vernetzung und Einbettung kirchlicher Altenbildung

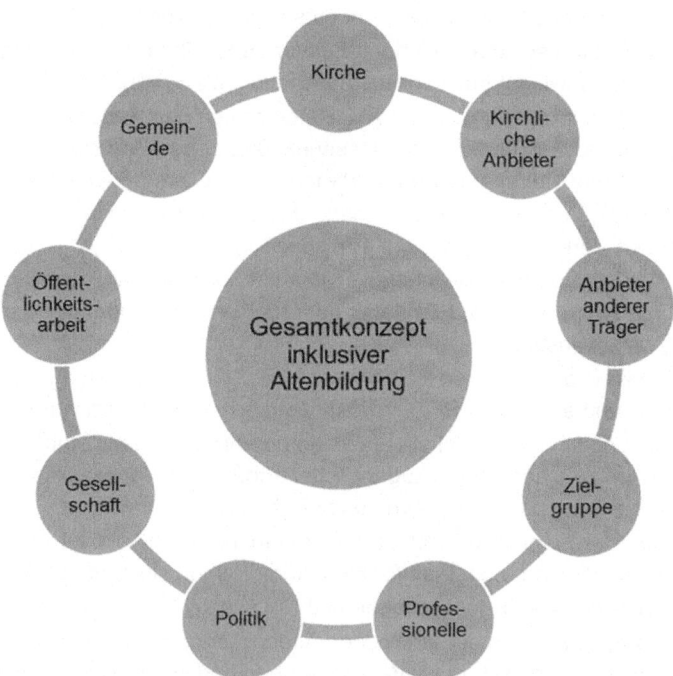

Abbildung 3:   Übersicht über die an Altenbildung beteiligten Akteure in einer Region

In den Interviews (vgl. z.B. I1: 107, 117; I6: 55), wie auch der Literatur wird die Bedeutung der Vernetzung und Einbettung von Altenbildung in die Region betont (vgl. z.B. Böhmer 2000: 11; EKD 2009: 77, 90f.). In den Interviews geht es vor allem um die Betonung des Stellenwerts von Altenbildung in der Gemeinde. Um sich vernetzen zu können, kann im Voraus, ähnlich wie im sechsten Interview, mittels einer Bestandsaufnahme die Region in Bezug auf bestehende Angebots- und Anbieterstrukturen sondiert werden, um ein Bild über mögliche KooperationspartnerInnen und der Situation der Altenbildung in der Region generell erfassen zu können. Es sollten dabei, wie in Abb. 3 gezeigt, alle beteiligten Instanzen berücksichtigt werden, die in unterschiedlicher Form an der Altenbildung beteiligt sind.

Eine erste Instanz ist die Gesellschaft, in die Menschen jeden Alters eingebettet sind, so auch ältere Menschen, die in den gesellschaftlich vorgegebenen Rahmenbedingungen ihren Alltag bewältigen. Bei allen Altersgruppen der Gesellschaft existieren sehr unterschiedliche Altersbilder und Vorstellungen vom Alter und Altern, die oft immer noch eher negativ geprägt sind. Durch Altersbilder können jedoch Impulse ausgehen, die die Planung, Durchführung und das Teilnahmeverhalten Älterer beeinflussen (vgl. Kap. 6.4).

Die Politik ist als weitere Instanz in die Altenbildung involviert, vor allem in Bezug auf strukturelle Rahmenbedingungen, wie gesetzliche Regelungen und Fördermöglichkeiten sowie die Bereitstellung von Ressourcen generell.

Ein nächster Akteur ist die Kirche. Altenbildung sollte auf allen Ebenen in der Kirche einen (hohen) Stellenwert erfahren. In diesem Zusammenhang muss auf die demografischen Entwicklungen und die damit zusammenhängenden notwendigen Veränderungen auch in der Kirche hingewiesen werden, wie sie bereits mehrfach erwähnt wurden. Auch in den Interviews werden häufig starre Strukturen in der Kirche angesprochen und kritisiert, die Veränderungen unmöglich machen und so die erforderliche Entwicklung neuer Formen in der Altenbildung be- und verhindern (vgl. I6: 53). Das kann dazu führen, dass sich die Kirche immer weiter von den Menschen und damit auch der Zielgruppe Älterer entfernt.

Es kann sinnvoll sein, dass sich Gemeinden miteinander vernetzen, um eine breitere Palette an Angeboten für die heterogene Zielgruppe entwickeln zu können, die eine Gemeinde allein in der Vielfalt nicht anbieten kann. Generell sollte Altenbildung auch in die Gemeinde und das Gemeindeleben eingebettet sein und dort Wertschätzung erfahren. Dazu können die Gemeinde und die kirchlichen Anbieter unterschiedliche Werbungs- und Öffentlichkeitswege nutzen, um zum einen alle Zielgruppen zu erreichen und zum anderen Sinn und Nutzen von Angeboten sichtbar zu machen. Das kann zu einer erhöhten Anerkennung und Wertschätzung von Altenbildung in der Gesellschaft und auch Politik führen, wie auch möglicherweise zur positiven Veränderung von Altersbildern bei allen Bevölkerungsgruppen (vgl. Kap. 6.4).

Um Altenbildung sichtbar sowie transparent nach innen und außen zu machen, damit Menschen zu erreichen sowie mögliche Teilnahmebarrieren Älterer zu umgehen, sollten zusätzlich zur Öffentlichkeitsarbeit wohnortnahe und leicht zugängliche Beratungsmöglichkeiten und Informationsveranstaltungen für ältere Menschen angeboten werden. Die Transparenz wird in den Interviews als besonders wichtig herausgestellt (vgl. I1: 333).

Anbieter kirchlicher Träger und Institutionen anderer Träger mit einem Bezug zur Altenbildung sollten sich ebenfalls vernetzen und in die Planung von neuen Angeboten einbezogen werden, um ein Gesamtkonzept für Altenbildung in der Region aufbauen zu können. Das wird auch in einigen Interviews angesprochen (vgl. I1: 70, 107; I4: 107; I6: 55). Dabei geht es um die Vermeidung möglicher Doppelungen und Überschneidungen im Angebot und damit verbunden einen möglichen Verlust bzw. eine Abwanderung von Teilnehmenden (vgl. I6: 53) auf der einen, wie auch um die Schließung von Lücken im Programm auf der anderen Seite. Insgesamt ist jedoch zu berücksichtigen, dass Kooperationen und Vernetzungen nicht immer reibungslos ablaufen und es auch zu Spannungen kommen kann. Daher ist situationsabhängig und individuell über die Sinnhaftigkeit von Kooperationen zu entscheiden (vgl. I6: 55).

Ohne die Personen, die Angebote und Aktivitäten letztendlich durchführen und umsetzen, kann eine kirchliche Altenbildungsarbeit nicht funktionieren. So ist es wichtig, dass zum einen die haupt- und ehrenamtlich Mitarbeitenden auf allen Ebenen in die Planung und Organisation einbezogen werden und zum anderen für sie Plattformen für Vernetzung und Austausch geschaffen werden. Dabei geht es um den Austausch von Wissen, Kompetenzen und Ideen, wie auch das Vorgehen zur Begleitung und Unterstützung ehrenamtlicher MitarbeiterInnen auf allen Ebenen.

Nicht zuletzt die Teilnehmenden selbst – die älteren Menschen als Zielgruppe – müssen in die Überlegungen einbezogen werden. Zum einen besuchen sie die Angebote und zum anderen sind sie in unterschiedlichem Umfang an der Mitgestaltung der Aktivitäten bis hin zur Selbstorganisation beteiligt. Daher sollten alle an der Altenbildung beteiligten Akteure die Gruppe der (potenziellen) TeilnehmerInnen an der Planung und Durchführung von Aktivitäten in der Altenbildung beteiligen, jedoch immer in dem Umfang, wie die älteren Menschen dies wünschen und einfordern.

Auf der Ebene der Teilnehmenden wird auch die bedürfnisorientierte Öffentlichkeitsarbeit verortet, die neben der Gewinnung von Älteren als Teilnehmende auch die Altenbildungsarbeit in der Region sichtbar machen und möglicherweise auch die Wertschätzung der Altenbildung, wie auch der älteren Menschen durch das Offenlegen der Kompetenzen und Potenziale Älterer erhöhen kann.

Zur Vernetzung und Einbettung von kirchlicher Altenbildung in der Gemeinde und Region können folgende Empfehlungen festgehalten werden:

- Altenbildung sollte in ein Netz aller beteiligten Akteure eingebettet sein und auf allen Ebenen Wertschätzung erfahren.

- Über eine gezielte und breite Öffentlichkeitsarbeit sollte die Altenbildungsarbeit in der Region/Gemeinde sichtbar gemacht werden, um mehr Wertschätzung erhalten zu können, die Zielgruppe zu erreichen und Altersbilder bei allen Altersgruppen möglicherweise zu verändern.

- Schnupperkurse, Informationsveranstaltungen und Beratungsmöglichkeiten nah an der Lebenswelt Älterer können nicht nur bei der Zielgruppe selbst die Teilnahmebereitschaft, sondern auch die Akzeptanz und Wertschätzung bei anderen Altersgruppen unterstützen.

- Kirchliche Einrichtungen sollten mit anderen Anbietern in der Region sinnvolle Kooperationen eingehen, um Doppelungen und Lücken in der Angebotspalette zu umgehen und alle Teilnehmenden erreichen zu können.

- Gemeinden sollten sich miteinander vernetzen, um eine größere Vielfalt in der Angebotspalette für die heterogenen Bedürfnisse älterer Menschen entwickeln und anbieten zu können.

- Alle Instanzen, vor allem auch die Kirche, sollten die aktuellen gesellschaftlichen demografischen Entwicklungen ernstnehmen, für daraus resultierende notwendige Veränderungen offen sein und sich daran beteiligen.

- Für die Entwicklung neuer Formen der Altenbildung sind flexible(-re) Strukturen Seitens der Kirche und in den Organisationen notwendig.

- Haupt- und ehrenamtliche Professionelle sollten sich vernetzen und auf dafür vorgesehene Plattformen und Möglichkeiten zurückgreifen können. So kann ein Austausch über Erfahrungen, Kompetenzen, Ideen und die Begleitung Ehrenamtlicher auf allen Ebenen stattfinden.

- Ältere Menschen sollten je nach ihren Bedürfnissen nach Partizipation und Engagement in die Planung und Umsetzung von Aktivitäten bis hin zur Selbstorganisation einbezogen werden.

Tabelle 5:   Empfehlungen für eine inklusive kirchliche Altenbildung in Bezug auf Vernetzung und Kooperationen

6.3   Orientierungen in der Ausgestaltung und Planung von Aktivitäten für eine inklusive kirchliche Bildungsarbeit

Abbildung 4:   Übersicht zu Orientierungen in der Ausgestaltung und Planung von Aktivitäten inklusiver kirchlicher Altenbildung

Der Ausgangspunkt aller Überlegungen für die Planung und Durchführung von Altenbildungsangeboten ist die heterogene Zielgruppe. Von diesem Zentrum aus lassen sich Orientierungen und Empfehlungen ableiten, die eine inklusive kirchliche Altenbildung begünstigen und unterstützen können. Dabei steht das Individuum mit seiner Biografie, seinen Erfahrungen, Kompetenzen, Ressourcen und Interessen im Mittelpunkt. Um Menschen erreichen zu können, sollten Angebote daher die Interessen und Kompetenzen der Menschen aufgreifen und gleichzeitig das „biografische Gewordensein" (Anding 2002: 54) jedes Einzelnen berücksichtigen, denn daraus lässt sich unter anderem das Bildungsverhalten Älterer ableiten. Demnach sollten Teilnahmemotive und -barrieren dieser Zielgruppe in dem professionellen Planen und Handeln berücksichtigt werden.

Der Lebenslagenbezug als Orientierung in der Planung von Aktivitäten schließt sich hier an, doch bezieht er sich nicht wie der Biografiebezug auf die

Vergangenheit, sondern auf die aktuellen Lebenslagen älterer Menschen. Faktoren, die hier eine Rolle spielen, sind z.b. Mobilität und Gesundheit, die Einbindung Älterer in Beziehungen und Strukturen, die örtliche Infrastruktur und die finanzielle Situation (vgl. z.b. Arnold in: Becker, Veelken, Wallraven 2000: 26). Aus diesen Lebenslagen ergeben sich spezifische Bedürfnisse bei den älteren Menschen, die aufgegriffen werden sollten. So brauchen z.b. mobilitätsbeeinträchtigte Ältere wohnortnahe und eventuell auch zugehende Formen, wohingegen Menschen direkt nach dem Austritt aus dem Beruf meist noch aktiv sein können bzw. wollen und daher eher partizipative Formen der Altenbildung nachfragen. In diesem Kontext zeigt sich, dass die Lebensphase des Alters in verschiedene Phasen mit je spezifischen Ansprüchen an Bildung unterteilt werden kann. So wird nicht nur in den Interviews (vgl. I3: 48; I2: 130, 67; I5: 40), sondern auch in der Literatur die Einteilung in die dritte, eher aktive, und vierte, eher von Einschränkungen geprägte Phase vorgenommen (vgl. Kolland 2012: 21; Schmidt, Tippelt 2009: 75). Ältere Menschen, die der jeweiligen Phase zugeordnet werden können, brauchen je spezielle Rahmen und Formen der Altenbildung – auf der einen Seite eher konsumorientiert, auf der anderen eher selbstorganisiert und freier. Daher sollten traditionelle und neue Formen nebeneinander und sich gegenseitig ergänzend angeboten werden.

Weiter müssen auch die besonderen Bedürfnisse älterer Menschen im Hinblick auf Werbung und Öffentlichkeitsarbeit berücksichtigt werden. Es bietet sich an, traditionelle und auch neue Wege zu nutzen, wie Printmedien, Aushänge aber auch das Internet. Schnupperkurse und Informationsveranstaltungen können Teilnahmebarrieren Älterer herabsenken. Außerdem sind (Bildungs-)Beratungsmöglichkeiten in Wohnortnähe der Älteren von Vorteil, die eine Nähe der Zielgruppe zu den Angeboten und möglicherweise auch zur Kirche herstellen können.

In der Planung und Umsetzung von Aktivitäten sollte geschlechtersensibel vorgegangen werden, denn Männer und Frauen altern unterschiedlich (vgl. Anding 2002: 54; Köster in: Dehmel et al. 2009: 101). Männer gehen meist anders als Frauen mit dem Ausscheiden aus dem Beruf und mit Beziehungen allgemein um. Darüber hinaus kann statistisch untermauert von einer Feminisierung des Alters gesprochen werden (vgl. Backes in: Pasero et al. 2007: 152f.). Daher sollten Angebote je nach Thema und Ausgestaltung die verschiedenen Bedürfnisse der Geschlechter berücksichtigen, wie auch die unterschiedlichen Teilnahmemotive und -barrieren, denn Frauen ist der Beziehungsaspekt oft wichtiger, während Männer häufig eher über das Thema oder eine bestimmte Tätigkeit in den Angeboten angesprochen werden.

Um mit einem Angebot auf einen tatsächlichen Bedarf, eine konkrete Nachfrage zu stoßen, ist eine Bedarfsermittlung in dem Einzugsgebiet einer Einrichtung/Gemeinde sinnvoll. Die „Milieubrille" kann hilfreich sein, um die verschiedenen Gruppen und Milieus in einer Region und deren unterschiedliche

Bedürfnisse und Bedarfe zu erkennen und darauf bezogen Aktivitäten zu planen (vgl. Herzberg 2008: 39ff.; vgl. Schulz, Hauschild, Kohler 2010; Heetderks 2011: 72ff.).

Die Empfehlung der Abkehr von der Defizitorientierung hin zu einer Betonung und Orientierung an Kompetenzen steht wieder auch im Kontext von Altersbildern. Die Betrachtung des Alters und Alterns haben sich, wie auch aus der Literatur hervorgeht, von einer Orientierung an den Defiziten und Verlusterscheinungen, den negativen Folgen und Formen des Alterns, hin zu einer Kompetenzorientierung gewandelt (vgl. z.b. Görtzen in: Adam, Kollmann, Pithan 1994: 146f.). So stehen zunehmend die Ressourcen und Potenziale von älteren Menschen im Mittelpunkt. In der Ausschreibung und Bewerbung von Angeboten, wie auch in deren Umsetzung sollten daher ebenfalls die Kompetenzen und Potenziale Älterer hervorgehoben werden, um zum einen die älteren Menschen positiv anzusprechen, sie zur Teilnahme zu motivieren aber auch um bei allen Altersgruppen möglicherweise bestehende negative Altersbilder zu verändern. Das betrifft vor allem aber auch die nicht immer positiven Bilder, die ältere Menschen von sich selbst haben.

Die Aspekte der Methodik, Didaktik und der Rahmenbedingungen werden in Kapitel 6.1 angesprochen, aber auch an dieser Stelle erwähnt, da sie den Orientierungen in der Ausgestaltung und Planung von Angeboten ebenfalls zuzuordnen sind. So sollten sich die Methodik und Didaktik an den heterogenen Lebenslagen, Bedürfnissen und Anliegen Älterer orientieren. Die Rahmenbedingungen umfassen zum einen den Rahmen der Ausgestaltung einer Aktivität, z.B. das Ausmaß der Selbstorganisation und der Partizipationsmöglichkeiten. Zum anderen sind Rahmenbedingungen auch räumlicher Natur. So sollten Aktivitäten, wie bereits erwähnt, wohnortnah und barrierefrei zugänglich oder mittels einer guten örtlichen Infrastruktur erreichbar sein.

Zu den Orientierungen für die Ausgestaltung und Planung von Aktivitäten, die eine inklusive Altenbildung unterstützen können, werden folgende Empfehlungen ausgesprochen:

- Aktivitäten sollten sich an der individuellen Biografie älterer Menschen orientieren und deren Erfahrungen, Kompetenzen, Interessen und ihren Wissensschatz in Aktivitäten einbeziehen.

- Angebote der Altenbildung sollten sich an den heterogenen Lebenslagen Älterer, den unterschiedlichen Lebensphasen im Alter und den daraus resultierenden Bedürfnissen und Interessen der Älteren orientieren.

- Traditionelle und neue, z.B. selbstorganisierte Formen der Altenbildung sollten sich ergänzend nebeneinander angeboten werden, da alle Formen eigene Zielgruppen ansprechen.

- Aus den Lebenslagen und der individuellen Biografie eines Menschen ergeben sich Teilnahmemotive und -barrieren, die in der Planung und Durchführung von Aktivitäten, auch in Bezug auf Geschlechterunterschiede, berücksichtigt werden sollten.

- Die Planung von Angeboten sollte sich an dem tatsächlichen Bedarf nach Altenbildung in einer Region orientieren, um auf echte Nachfrage zu treffen. Die Erhebung des Bedarfs mithilfe der Identifizierung von Milieus in einer Region kann dazu die Basis legen.

- Angebote und deren Bewerbung sollten die Kompetenzen und Potenziale Älterer, anstatt möglicher Defizite betonen, um negative Altersbilder aller Altersgruppen zu verändern und Ältere zur Teilnahme zu ermutigen.

- Die Planung und Durchführung von Aktivitäten sollten geschlechtersensibel umgesetzt werden.

- Methodik, Didaktik und Rahmenbedingungen von Angeboten für ältere Menschen sollten alterssensibel geplant und ausgestaltet werden.

- Werbung und Öffentlichkeitsarbeit sollten sich an den Bedürfnissen der Zielgruppe orientieren und sowohl traditionelle als auch neue Wege nutzen.

- Schnupperkurse, Informationsveranstaltungen sowie Beratungsmöglichkeiten in Wohnortnähe der Zielgruppe können eine Nähe der Kirche zu den Älteren herstellen und mögliche Teilnahmebarrieren herabsenken.

Tabelle 6:   Empfehlungen für eine inklusive kirchliche Altenbildung in Bezug auf die Orientierungen in der Ausgestaltung und Planung von Aktivitäten/Angeboten

6.4 Zur Bedeutung von und zum Umgang mit Altersbildern im Kontext inklusiver kirchlicher Altenbildungsarbeit

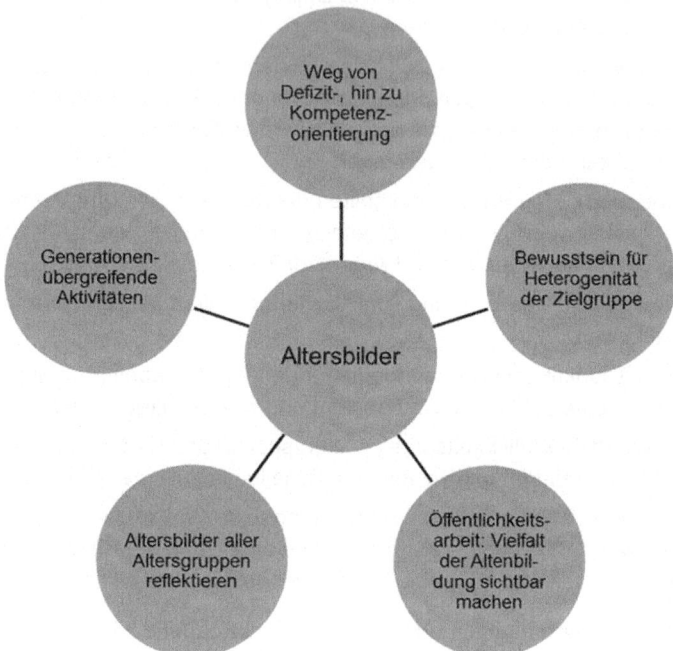

Abbildung 5:   Übersicht zum Bereich Altersbilder im Kontext inklusiver kirchlicher Altenbildung

Aus der Literatur geht hervor, dass sich der fachliche und gesellschaftliche Blick auf das Alter(n) im Laufe der letzten Jahrzehnte von einer Betonung der Defizite und Verlusterscheinungen im Alter, hin zu der Fokussierung von Kompetenzen und Ressourcen Älterer entwickelt haben (vgl. z.B. Klingenberger 1996; Aner, Karl 2010; Becker, Veelken, Wallraven 2000; Kruse, Martin 2004). In diesem Zusammenhang hat sich eine Vorstellung von „aktivem" Alter(n) herausgebildet, welche nicht rein positiv betrachtet werden kann, da Ältere zum einen dem Druck ausgesetzt sind, sich engagieren und aktiv einbringen zu müssen, wird es doch in der Vorstellung und öffentlichen Betonung des „aktiven" Alter(n)s impliziert. Weiter werden zum anderen viele Freiwillige aus Kostengründen in Funktionen und Arbeitsbereichen eingesetzt, die eigentlich von Hauptamtlichen bekleidet werden. Das ist sowohl für die Arbeitskräfte als auch die Engagierten unbefriedigend (vgl. I5: 156).

Trotz der Entwicklung hin zu einer Kompetenzorientierung in Bezug auf Alter und Altern sind bei vielen Menschen in unterschiedlichen Altersgruppen immer noch eher negative Assoziationen und Vorstellungen vom Alter(n) zu finden. In der Literatur werden die umfangreichen Auswirkungen von Altersbildern auf alle Altersgruppen beschrieben und es wird darauf hingewiesen, wie diese negativen Vorstellungen vor allem auch die Älteren selbst beeinflussen können (vgl. z.B. Lottmann 2013: 103; Kolland, Ahmadi 2010: 153). So können durch negative Altersbilder Teilnahmebarrieren bei älteren Menschen entstehen, deren Selbstwertgefühl senken und sie davon abhalten, sich an Aktivitäten zu beteiligen und Gemeinschaft zu suchen. Daher ist es wichtig, den Sinn, die Ziele und den Nutzen von Altenbildungsangeboten für alle Altersgruppen sichtbar und transparent zu gestalten, um auf die Vielfältigkeit und Potenziale der älteren Menschen hinzuweisen, die sich auch in der breiten Palette der Aktivitäten und Aktionen in der Altenbildung spiegeln.

Generell sollte das Bewusstsein aller Altersgruppen für die Ausdifferenzierung der Lebensphase des Alters erweitert werden, um negativen stereotypen Vorstellungen und Verallgemeinerungen über das Alter entgegenzuwirken. Dafür ist auch eine zielgerichtete und umfangreiche Öffentlichkeitsarbeit vonnöten, die über alle verfügbaren Wege betrieben wird.

Es bietet sich darüber hinaus an, intergenerationelle Aktivitäten in das Programm aufzunehmen, um die Kompetenzen und Ressourcen aller – nicht nur der älteren – Altersgruppen zu verdeutlichen und auch, um Altersbilder durch eigene Vergewisserung und aktives Erleben reflektieren und möglicherweise verändern zu können. Dieser Punkt wird in den Interviews im Vergleich zur Literatur etwas deutlicher herausgestellt. Alle befragten Interviewten betonen, dass ihnen der intergenerationelle Austausch wichtig sei und sie dahingehend Aktivitäten fördern und umsetzen würden (vgl. I1: 37; I3: 4; I5: 66; I6: 6).

Insgesamt lassen sich im Bereich der Altersbilder folgende Empfehlungen für eine inklusive kirchliche Altenbildung zusammenfassen:

- Angebote und deren Ausschreibung sollten statt auf mögliche Defizite und Verlusterscheinungen im Alter hinzuweisen, vielmehr die Kompetenzen und Potenziale älterer Menschen hervorheben, um negative Altersbilder aller Altersgruppen zu verändern und Ältere zur Teilnahme zu ermutigen.

- Das Bewusstsein für die Heterogenität der Menschen in der Lebensphase des Alters und deren ausdifferenzierte und pluralisierte Lebenslagen sollte bei allen Altersgruppen erweitert und geschärft werden.

- Durch eine breite Öffentlichkeitsarbeit über alle möglichen Wege sollten die Vielfalt Älterer, das breite Spektrum an Altenbildungsaktivitäten sowie die Ziele und Nutzen der Angebote sichtbar gemacht werden, um bei allen Altersgruppen die Wertschätzung der Altenbildungsarbeit aber auch der älteren Menschen zu erhöhen.

- In der Kirche, der Gemeinde und allgemein in der Gesellschaft sollten vorzufindende Altersbilder hinterfragt und gegebenenfalls verändert werden, denn Altersbilder beeinflussen alle an der Altenbildung Beteiligten, wie auch das Zusammenleben der Generationen.

- Intergenerationelle Aktivitäten sollten (vermehrt) angeboten werden, um die Generationen in einen Austausch zu bringen und um die Kompetenzen aller Altersgruppen gegenseitig sichtbar bzw. erlebbar zu machen.

Tabelle 7:   Empfehlungen für eine inklusive kirchliche Altenbildungsarbeit auf der Ebene der Altersbilder

6.5   Empfehlungen für eine inklusive kirchliche Altenbildung auf der Ebene der Professionellen

Abbildung 6:   Übersicht zu Empfehlungen auf der Ebene der Professionellen

Unter dem Begriff der Professionellen sind haupt- und ehrenamtliche LeiterInnen, meist ehrenamtliches Personal auf der Gruppenebene, z.b. Leitende von Aktivgruppen, sowie auch allgemein MitarbeiterInnen in der Organisation von Altenbildungsangeboten in jeglicher Form erfasst.

In der Literatur wird oft erwähnt, dass Professionelle ein umfangreiches und Disziplinen übergreifendes Wissen über die Zielgruppe, die Ausdifferenzierung der nachberuflichen Lebensphase, über die heterogenen Bedürfnisse, Lebenslagen und Besonderheiten Älterer als Zielgruppe von Bildungsangeboten haben sollten (vgl. z.b. Becker, Veelken, Wallraven 2000: 10). Dieses Wissen muss von professionellen, vor allem hauptamtlich Tätigen erlernt werden, wozu entsprechende Schulungen und Ausbildungen notwendig sind (vgl. I4: 84).

Ergänzt werden diese Themenfelder um die Notwendigkeit, alterssensible Methoden und eine altersgerechte Didaktik in der Ausgestaltung von Aktivitäten einsetzen zu können.

Es wurde bereits herausgestellt, dass älteren Menschen Beziehungen besonders wichtig sind. Dieser Aspekt ist auf der Ebene der Teilnehmenden und der (Gruppen-)LeiterInnen von Bedeutung (vgl. I6: 26, 22). Es ist wichtig, dass sich Professionelle dieser Bedeutung von Beziehungen im Alter bewusst sind und ihre eigenen Rollen und Funktionen im Kontext der Altenbildung kennen und reflektieren. So können sie in der Altenbildung z.b. die Rolle eines/r BeraterIn, ModeratorIn, BegleiterIn, VermittlerIn oder LehrerIn einnehmen. Im Kontext von selbstorganisierten Initiativen kann hier auch von einer professionellen Dezentralisierung gesprochen werden. Außerdem muss auch die besondere Beziehung zwischen Lehrenden und Lernenden reflektiert werden, denn es kann z.b. zu Spannungen kommen, wenn jüngere Personen auf der Leitungs- bzw. Lehrendenebene älteren Teilnehmenden in Lehr-/Lernsituationen begegnen (vgl. z.b. Caspers, Fülgraff in: Dettbarn-Reggentin, Reggentin 1992b: 76f.).

In diesem Kontext schließt sich die Empfehlung an, dass Professionelle jeglichen Alters ihre eigenen Altersbilder und Vorstellungen vom Alter(n) reflektieren sollten, denn Altersbilder haben auf alle Altersgruppen umfangreiche Auswirkungen (vgl. Kap. 6.4).

Anders als in der Literatur wird in den Interviews besonders hervorgehoben, wie wichtig es für den Aufbau von Beziehungen zu älteren Menschen ist, als AnsprechpartnerIn vor Ort ansprechbar, erreichbar und „menschlich wahrnehmbar" (I6: 26; vgl. auch I1: 57) zu sein. Generell ist es von Vorteil, wenn Angebote, Aktivitäten und AnsprechpartnerInnen – auch für mögliche Beratungsanliegen – in der Wohnortnähe der älteren Menschen platziert werden, da diese z.b. aufgrund von altersbedingten Einschränkungen mobilitätsbeeinträchtigt sein können. Weiter sollten AnsprechpartnerInnen persönlich, quasi „zum Anfassen" (I6: 147) erreicht werden können.

In der Literatur wird darauf hingewiesen, wie wichtig es ist, dass sich haupt- und ehrenamtliche MitarbeiterInnen vernetzen, Ideen und Wissen austauschen sowie Ressourcen und Potenziale wechselseitig nutzen (vgl. EKD 2009: 77 f.; Hartmann in: Heetderks 2011: 22; Anding 2002: 208).

Ehrenamtlich Mitarbeitende, vor allem auf der Gruppenebene, verfügen aufgrund ihres biografischen Hintergrundes nicht immer über notwendiges Wissen und die Kompetenzen zur Verantwortung einer Gruppe. Sie benötigen daher Unterstützung und Begleitung von haupt- oder ehrenamtlichen Personen. Diese Empfehlung wird besonders in den Interviews thematisiert (vgl. I4: 8).

Zur Einbettung der Altenbildung in eine Gemeinde/Region ist die Vernetzung und Zusammenarbeit von Professionellen ebenfalls sehr wichtig (vgl. 6.2).

Auf der Ebene der Professionellen können folgende Empfehlungen für eine inklusive kirchliche Altenbildungsarbeit festgehalten werden:

- Professionelle auf der Leitungsebene sollten umfangreiches und Disziplinen übergreifendes Wissen über die heterogene Zielgruppe Älterer haben sowie dahingehend ausgebildet und geschult werden.

- Professionelle sollten über entsprechende Kompetenzen verfügen, um bedürfnis- und diversitätsorientierte Altenbildung mit alterssensibler Methodik und Didaktik planen und durchführen zu können.

- Professionelle sollten ihre eigenen Vorstellungen vom Alter/Altern und ihre Altersbilder kritisch hinterfragen und reflektieren.

- Professionelle sollten sich der möglichen Rollen und Funktionen bewusst sein, die sie in der Altenbildung einnehmen können und die besondere Qualität der Beziehungen zu älteren Menschen im Spannungsfeld Lehrende/Lernende reflektieren.

- Professionelle sollten sich besonders in Prozessen und Formen der Selbstorganisation zugunsten der eigenen Entlastung aber vor allem für die Ermöglichung von Selbstorganisation der Älteren zurücknehmen.

- Professionelle sollten für die älteren Menschen in Wohnortnähe erreichbar und persönlich ansprechbar sein.

- Haupt- und ehrenamtliche Professionelle sollten sich vernetzen und in einem regelmäßigen Austausch über Ideen, Erfahrungen etc. stehen.

- Ehrenamtliche benötigen zur Erfüllung ihres Engagements bestimmte Kompetenzen und bei Bedarf entsprechende Schulungen dazu. Sie sollten auf sie abgestimmte individuelle Unterstützung und Begleitung durch Professionelle erhalten.

Tabelle 8:   Empfehlungen für eine inklusive kirchliche Altenbildung auf der Ebene der Professionellen

6.6 Engführung der Empfehlungen auf die Selbstorganisation

Die bis hierher aufgeführten Empfehlungen sind eher allgemein auf eine inklusive, in diesem Sinne diversitätsorientierte kirchliche Altenbildungsarbeit ausgerichtet und beziehen sich im Prinzip auf alle Formen der Altenbildung. Selbstorganisierte Formen tangieren alle Bereiche und bilden eine gemeinsame Schnittmenge. So ergibt sich folgendes Bild:

Abbildung 7:   Schaubild zu den Überschneidungen unterschiedlicher Bereiche in der Selbstorganisation

Folgend werden die Empfehlungen abgebildet, die explizit für selbstorganisierte Formen der inklusiven kirchlichen Altenbildung gelten. Nicht aufgeführt sind die allgemeinen Empfehlungen, diese sollten aber immer mitbedacht werden. Auf eine weitere Beschreibung der Empfehlungen wird hier verzichtet, da diese bereits in der thematisch gegliederten Auswertung der Interviews (vgl. Kap. 5.2) und in den hier erstellten Begleittexten zu den Empfehlungen in den spezifischen Bereichen erfolgten.

Auf der Ebene der *organisationalen Rahmenbedingungen* sollten selbstorganisierte Initiativen für eine diversitätsorientierte kirchliche Altenbildung demnach

- Raum und Anreiz für das Einbringen der Ideen der Teilnehmenden bieten.
- Formen und Möglichkeiten für die Umsetzung dieser Ideen anbieten.
- unterschiedliche Partizipationsformen ermöglichen, z.B. durch Mitspracherechte, als Koordination einer Gruppe oder in der Funktion, als SprecherIn/KoordinatorIn einer Initiative tätig zu sein.
- flexible Strukturen vorfinden, in denen Selbstorganisation stattfinden kann und darüber hinaus die Bereitschaft aller beteiligten Instanzen, z.B. der Kirche, für Veränderungen und neue Entwicklungen.
- einen zentralen Organisations- und Koordinationspunkt haben, an dem alles zusammenläuft und von dem aus alle bestehenden und auch neue Aktivitäten organisiert und koordiniert werden.
- an eine Institution, z.B. die Kirche, angebunden sein, um auf deren Ressourcen zugreifen zu können und bei Bedarf Unterstützung zu erhalten.

Tabelle 9:　　　Empfehlungen für selbstorganisierte Initiativen im kirchlichen Kontext im Bereich der organisationalen Rahmenbedingungen

Auf der Ebene der *Vernetzung und Einbettung* selbstorganisierter Initiativen in die Gemeinde und Region sollte beachtet werden,

- dass selbstorganisierte Initiativen in das Netz der regionalen Altenbildung eingebunden sein sollten.
- dass Initiativen je nach Bedarf eigene Kooperationen aufbauen sollten oder auf die der angebundenen Einrichtung zugreifen können.
- dass es sinnvoll sein kann, wenn sich Gemeinden miteinander vernetzen, um eine größere Vielfalt an Angeboten und Altenbildungsformen offerieren zu können und auch, um interessierten TeilnehmerInnen aus Nachbargemeinden eine Teilnahme zu ermöglichen.
- dass sich haupt- und ehrenamtliche Professionelle miteinander vernetzen und in einem engen Austausch stehen. Das bezieht sich vor allem auf die Vermittlung von benötigten Kompetenzen und fachlichem (Erfahrungs-)Wissen für die in der Selbstorganisation Tätigen auf allen Ebenen.

Tabelle 10:　　　Empfehlungen für selbstorganisierte Initiativen im kirchlichen Kontext im Bereich der regionalen Vernetzung und Einbettung von Altenbildung

In Bezug auf die *Ausgestaltung und Planung* von Aktivitäten in selbstorganisierten Initiativen sind folgende Empfehlungen zu nennen:

- Aktivitäten sollten sich hier besonders an der Biografie und den aktuellen Lebenslagen der Teilnehmenden mit ihren Bedürfnissen orientieren. Dies findet zwar meist schon durch die Selbstorganisation Berücksichtigung, sollte jedoch trotzdem immer mitbedacht werden.
- Die alterssensible Gestaltung von Aktivitäten bedarf in der Regel keiner gesonderten Betonung, da die Älteren ihre Angebote überwiegend selbst gestalten und an ihren Bedürfnissen ausrichten. Planende sollten diesen Aspekt aber trotzdem stets berücksichtigen.
- Selbstorganisierte Initiativen sollten als Ergänzung zu traditionellen Formen kirchlicher Altenbildung entwickelt und angeboten werden.
- Durch das hohe Ausmaß und die Notwendigkeit der Partizipation in selbstorganisierten Initiativen können spezifische Teilnahmebarrieren bei Älteren entstehen. Diese sollten berücksichtigt und abgebaut werden.
- Die Motive zur Teilnahme Älterer an selbstorganisierten Angeboten unterscheiden sich zum Teil von denen in traditionellen Angeboten. Diese Motive sollten bekannt sein und, soweit möglich, erfüllt werden.

Tabelle 11: Empfehlungen für selbstorganisierte Initiativen im kirchlichen Kontext im Bereich der Ausgestaltung und den Orientierungen von Altenbildungsaktivitäten

Zur Bedeutung von und zum Umgang mit *Altersbildern* im Kontext der Selbstorganisation lässt sich Folgendes festhalten:

- In selbstorganisierten Initiativen können ältere Menschen ihre Kompetenzen und Ressourcen in hohem Maß einbringen. Daher ist es hier besonders wichtig, zielgerichtete und breite Öffentlichkeitsarbeit und Vernetzung zu betreiben, um auf die Potenziale und Kompetenzen Älterer aufmerksam und diese sichtbar zu machen. So können eventuell bestehende negative Altersbilder bei allen Altersgruppen verändert werden.
- Ebenso kann durch eine entsprechende Öffentlichkeitsarbeit die Arbeit der Initiative mit Zielen und Nutzen sichtbar gemacht werden. Das kann die Wertschätzung der Initiative und auch der Altenarbeit in einer Gemeinde/Region erhöhen und eventuell mehr Ressourcen generieren.

Tabelle 12: Empfehlungen für selbstorganisierte Initiativen im kirchlichen Kontext im Bereich der Altersbilder

Auf der Ebene der *Professionellen* wird mit dem Fokus auf selbstorganisierte Initiativen für eine diversitätsorientierte kirchliche Altenbildung festgehalten:

- Professionelle, die (hauptamtlich) eine selbstorganisierte Initiative begleiten, sollten über ein umfassendes Wissen über die Möglichkeiten und Formen, die Chancen und Herausforderungen von selbstorganisierten Formen der Altenbildung und über eine breite Palette an Ideen verfügen.

- Daran schließen sich die notwendigen fachlichen und sozialen Kompetenzen zur Begleitung einer selbstorganisierten Initiative und zur Unterstützung der Mitarbeitenden an, über die Professionelle verfügen sollten.

- Professionelle sollten die Teilnahmemotive und -barrieren Älterer in Bezug auf partizipative Angebote kennen sowie versuchen, die Motive zu erfüllen bzw. Barrieren abzubauen.

- Im Kontext selbstorganisierter Initiativen ist die Vernetzung aller beteiligten Professionellen – ehrenamtlich wie hauptamtlich – besonders wichtig, um sich zu unterstützen sowie Erfahrungen und Ideen austauschen zu können.

- Ehrenamtlich Tätige sollten in der angebundenen Einrichtung AnsprechpartnerInnen für Ermutigung, Ideen und Problemlösungen vorfinden.

- Auch ehrenamtlich in den Initiativen Mitarbeitende benötigen organisatorische, didaktische und soziale Kompetenzen. Diese sollten ihnen bei Bedarf durch Schulungen sowie im Rahmen von Vernetzungen vermittelt werden.

Tabelle 13:   Empfehlungen für selbstorganisierte Initiativen im kirchlichen Kontext im Bereich der Professionellen

Generell sollten Organisationen/Gemeinden, die selbstorganisierte Initiativen anbieten (wollen), Ermöglichungsstrukturen dafür schaffen und bereitstellen. Diese geben einen Rahmen mit Möglichkeiten der Ausgestaltung und Umsetzung vor, in denen Selbstorganisation stattfinden kann. Ermöglichungsstrukturen erstrecken sich von der Initiierung entweder von Seiten der Einrichtung oder aufgrund des Engagements eines oder mehrerer Interessierten, über die Gründung und die ersten organisatorischen Schritte, bis hin zu ihrer Verstetigung und möglichst selbständigen Arbeit. Die auf den unterschiedlichen Ebenen Teilnehmenden der Initiative können je nach Wunsch und Bedarf auf die Strukturen, Ressourcen und die Hilfestellung der angebundenen Einrichtung zurückgreifen und in dem von der Einrichtung geschaffenen Ermöglichungsrahmen Themen, Inhalte und Formen ihrer Aktivitäten selbstorganisiert umsetzen.

7 Diversitätsorientierte kirchliche Altenbildung: ein vorläufiges Fazit

Aufgrund des demografischen Wandels und der gesellschaftlichen Entwicklungen im Allgemeinen haben sich Chancen und Herausforderungen für die Bildungsarbeit mit der heterogenen Zielgruppe älterer Menschen, auch und gerade im Kontext der Kirche ergeben. In den Ausführungen der vorangehenden Kapitel wurde gezeigt, dass sich die Lebensphase des Alters zunehmend verlängert und sich die Lebenslagen, Lebensstile und Möglichkeiten der Gestaltung dieser Lebensphase für Ältere umfassend ausdifferenziert und pluralisiert haben. Das hat zur Folge, dass die Ansprüche, Bedürfnisse und Motive Älterer an Bildung (-sangebote) ebenfalls einen Wandel erfahren. So wollen viele Ältere u.a. ihren Bedürfnissen nach Kontakt und Beziehungen nachgehen, in Gemeinschaft mit anderen ihre Interessen ausleben, ihre Ressourcen und Kompetenzen einbringen, Erfahrungswissen weitergeben, sich aktiv an der Gestaltung der eigenen Aktivitäten beteiligen und in einen Austausch mit anderen Menschen – auch mit unterschiedlichen Generationen – treten. Um diese Bedürfnisse und Wünsche erfüllen zu können und gleichzeitig die Heterogenität der Zielgruppe zu berücksichtigen, wird deutlich, dass zusätzlich zu bestehenden traditionellen Bildungsangeboten der Kirche auch neue Formen (weiter-)entwickelt werden müssen. Dabei geht es nicht um die Verdrängung der traditionellen Formen, denn diese haben nach wie vor eigene Zielgruppen. Vielmehr geht es um die Ergänzung der traditionellen um neue Formen der kirchlichen Altenbildung, die Diversitätsorientierung, Partizipation und Selbstorganisation der Älteren ermöglichen und unterstützen.

Die vorliegende Ausarbeitung befasste sich über empirische Zugänge mit der Frage, wie eine inklusive – in diesem Sinne diversitätsorientierte – Altenbildungsarbeit aussehen und ausgestaltet werden kann und welche adressaten- und organisationsbezogenen Entwicklungsherausforderungen im Kontext der Kirche diesbezüglich identifiziert werden können.

Nach der begrifflichen Eingrenzung und theoretischen Perspektive auf das Thema wurden zwei Zugänge zur Beschreibung und Erfassung kirchlicher Altenbildungsaktivitäten vorgestellt: eine umfassende Literaturanalyse in Publikationen relevanter Disziplinen sowie eine Programmanalyse kirchlicher Erwachsenen- bzw. Altenbildung, hier am Beispiel von Hessen (vgl. Seitter 2013). Da beide Zugänge kaum oder keine Elemente selbstorganisierter Formen der Altenbildungsarbeit im Kontext der Kirche aufweisen, wurden in einem dritten –

empirisch-institutionellen – Zugang exemplarisch fünf Einrichtungen aus dem Kontext der Kirche als Good-Practice-Beispiele untersucht, die mit innovativen Formen der Altenbildung, vor allem mit unterschiedlichen Ausprägungen der Selbstorganisation arbeiten. Diese wurde in der vorliegenden Ausarbeitung als Beispiel für eine neue, hoch partizipative Form der Altenbildung umfassend beschrieben und vorgestellt.

Die qualitative und nach Schwerpunkten strukturierte Auswertung der Interviews, die mit VertreterInnen dieser Einrichtungen geführt wurden, haben gezeigt, wie neue Formen, vor allem die Selbstorganisation, in der Praxis entwickelt und umgesetzt werden können sowie welche Potenziale aber auch Herausforderungen damit verbunden sind. Es hat sich gezeigt, dass durch Selbstorganisation eine besondere Nähe – auch eine Nähe der Kirche – zu älteren Menschen (wieder-)hergestellt werden kann.

Um jedoch eine diversitätsorientierte kirchliche Altenbildung anbieten zu können, die den heterogenen Bedürfnissen älterer Menschen gerecht wird, bedarf es nicht nur neuer, wie z.B. selbstorganisierter Formen, sondern es müssen auch die traditionellen Formen bestehen bleiben und je nach Bedarf weiterentwickelt werden. Darüber hinaus sollten Komm- und Gehstrukturen nebeneinander etabliert werden, um auch (mobilitäts-)beeinträchtigen Menschen Partizipation zu ermöglichen.

Die Kirche hat große Potenziale, um eine inklusive Altenbildung nah an den Menschen entwickeln und anbieten zu können. Dies liegt darin begründet, dass sich kirchliche Erwachsenenbildung an der Nahtstelle von Mensch, Kirche und Gesellschaft verorten lässt und insofern eine gewisse Brückenfunktion innehaben kann (vgl. Oberbandscheid 2008: 1, zit.n. Seitter 2013: 13). Die umfangreichen Potenziale der Kirche liegen zum einen in der räumlichen und ideellen, spirituellen Nähe, die Kirche zu vielen (älteren) Menschen immer noch hat, denn „Kirche sitzt mittendrin im Gemeinwesen" (I6: 168). Zum anderen verfügt die Kirche über ganz unterschiedliche materielle und ideelle Ressourcen, wie auch gut geschultes und engagiertes Personal mit langjährigen und umfassenden Erfahrungsschätzen. Das wurde auch in der Programmanalyse konfessioneller Erwachsenenbildung deutlich. Diese zeigte unter anderem

> „die dichte und flexible Infrastruktur, auf der konfessionelle Bildungsarbeit aufruht und die in den Programmen eine auffällige Variations- und Kombinationsvielfalt von Angebotsformen, Inhalten, Orten und Zeiten ermöglicht" (Seitter 2013: 7).

Diese und weitere Potenziale und Ressourcen sollten in der Kirche unter der Voraussetzung der Bereitschaft für Veränderung aller beteiligten Instanzen zum einen erkannt und zum anderen für die Entwicklung neuer Formen der Bildung Älterer genutzt werden.

Abschließend soll festgehalten werden, dass die kirchliche Altenbildung bereits ein breites, vielfältiges und buntes Spektrum mit „einer Vielfalt von Anspracheformaten, semantischen Feldern, Methoden, Darbietungs- und Erarbeitungsmodi" (Seitter 2013: 8) aufweist. Außerdem gibt es einige schon seit vielen Jahren bestehende Initiativen, in denen eine diversitätsorientierte kirchliche Altenbildungsarbeit erfolgreich umgesetzt wird. Das haben z.b. die hier vorgestellten Institutionen gezeigt. Nun wäre hier der nächste Schritt, diese Ideen und Formen auch in andere Gemeinden zu tragen und diese dort je an die Situation der Gemeinde und Zielgruppe Älterer angepasst umzusetzen.

Aber auch die älteren Menschen selbst sollten ihre Ideen und Wünsche an die Kirche herantragen. Die vorliegenden Beispiele können dazu ermutigen, denn sie haben gezeigt, welche beeindruckenden und weitreichenden Ergebnisse sich aus der Initiative eines oder mehrerer Menschen mit der Unterstützung der Kirche entwickeln können.

Letztendlich sind die älteren Menschen selbst die ExpertInnen für ihre Biografie, Lebenssituation und die eigenen Bedürfnisse (vgl. Heetders 2011: 12). Daher ist es für eine inklusive kirchliche Altenbildung unabdingbar, sie nach ihren Wünschen und Bedürfnissen zu befragen und an der Gestaltung und Umsetzung von Altenbildungsformen und -angeboten in dem Umfang zu beteiligen, wie sie es möchten.

Selbstorganisierte Strukturen und Formen mit unterschiedlichen Möglichkeiten der Partizipation älterer Menschen sind demnach auf einer möglichst breiten Angebotspalette eine vielversprechende Möglichkeit für eine diversitätsorientierte Altenbildungsarbeit im kirchlichen Kontext, die nah an der heterogenen Zielgruppe älterer Menschen ist.

8 Abbildungs- und Tabellenverzeichnis

9 Literaturverzeichnis

Adam, Gottfried; Kollmann, Roland; Pithan, Annebelle (Hrsg.) (1994): ‚Normal ist, verschieden zu sein'. Münster: Comenius Institut und DEAE.

Anding, Angela (2002): Bildung im Alter. Bildungsinteressen und –aktivitäten älterer Menschen. Beitrag zur Bildungstheorie des Alters. Leipzig: Ille & Riemer.

Aner, Kirsten; Karl, Ute (Hrsg.) (2008): Lebensalter und Soziale Arbeit, Band 6: Ältere und alte Menschen. Hohengehren: Schneider.

Aner, Kirsten; Karl, Ute (Hrsg.) (2010): Handbuch Soziale Arbeit und Alter. Wiesbaden: VS.

Arnold, Brunhilde (2000): Geschichte der Altenbildung. In: Becker, Susanne; Veelken, Ludger; Wallraven, Klaus (Hrsg.): Handbuch Altenbildung. Theorien und Konzepte für Gegenwart und Zukunft. Opladen: Leske + Budrich, S. 15-37.

Asbrand, Barbara; Bergold, Ralph; Dierkes, Petra; Lang-Wojtasik, Gregor (Hrsg.) (2006): Globales Lernen im dritten Lebensalter: Ein Werkbuch. Bielefeld: Bertelsmann.

Backes, Gertud M. (2007): Geschlechter – Lebenslagen – Altern. In: Pasero, Urusla; Backes, Gertrud M.; Schroeter, Klaus R. (Hrsg.): Altern in Gesellschaft. Ageing – Diversity – Inclusion. Wiesbaden: VS, S. 151-184.

Bastian, Hannelore; Meisel, Klaus; Nuissl, Ekkehard; Rein, Antje von (2004): Kursleitung an VHS. Bielefeld: WBV, DIE.

Bau, Michael (Hrsg.) (1986): Einführung für Mitarbeiter in der Altenbildung. Bonn, Frankfurt am Main: Deutscher Volkshochschulverband.

Becker, Susanne; Veelken, Ludger; Wallraven, Klaus (Hrsg.) (2000): Handbuch Altenbildung. Theorien und Konzepte für Gegenwart und Zukunft. Opladen: Leske + Budrich.

Bergold, Ralph; Knopf, Detlef; Mörchen, Annette (Hrsg.) (1999): Altersbildung an der Schwelle des neuen Jahrhunderts : Dokumentation der KBE-Fachtagung vom 14. bis 16. Dezember 1998 in Bad Honnef. Würzburg: Echter.

Bögge, Benedikt (2009): Geragogik: Wie weit kann Bildung im Alter gehen? Pädagogik mit Menschen im vierten Lebensalter. Hamburg: Diplomica-Verlag.

Böhmer, Gunter (2000): Bildungsarbeit mit Älteren. In: Einblicke H. 3., S. 2-13.

Breinbauer, Ines Maria (2007): Bildung im Alter. In: Aner, Kirsten; Karl, Fred; Rosemeyer, Leopold (Hrsg.): Die neuen Alten – Retter des Sozialen? Wiesbaden: VS, S. 85-107.

Bubolz-Lutz, Elisabeth (1984): Bildung im Alter. Eine Analyse geragogischer und psychologisch-therapeutischer Grundmodelle. 2. neu gefasste Auflage. Freiburg im Breisgau: Lambertus.

Bubolz-Lutz, Elisabeth (1999): Altersbildung – Quo vadis? Podiumsdiskussion. In: Bergold, Ralph; Knopf, Detlef; Mörchen, Annette (Hrsg.): Altersbildung an der Schwelle des neuen Jahrhunderts: Dokumentation der KBE-Fachtagung vom 14. bis 16. Dezember 1998 in Bad Honnef. Würzburg: Echter, S. 159-166.

Bubolz-Lutz, Elisabeth; Gösken, Eva; Kricheldorff, Cornelia; Schramek, Renate (2010): Geragogik: Bildung und Lernen im Prozess des Alterns. Das Lehrbuch. Stuttgart: Kohlhammer.

Bubolz-Lutz, Elisabeth (2010): Geragogik als Theorie und Praxis der Altenbildung. In: Sozial Extra, H. 7/8, S. 37-39.

Buchen, Sylvia; Maier, Maja S. (Hrsg.) (2008): Älterwerden neu denken. Interdiziplinäre Perspektiven auf den demografischen Wandel. Wiesbaden: VS.

Bundesministerium für Familie, Senioren, Frauen und Jugend (BMFSFJ) (Hrsg.) (2006): Fünfter Bericht zur Lage der älteren Generation in der Bundesrepublik Deutschland. Potenziale des Alters in Wirtschaft und Gesellschaft. Der Beitrag älterer Menschen zum Zusammenhalt der

Generationen. Bericht der Sachverständigenkommission an das Bundesministerium für Familie, Senioren, Frauen und Jugend (BMFSFJ). Berlin.

Bundesministerium für Familie, Senioren, Frauen und Jugend (BMFSFJ) (Hrsg.) (2010): Sechster Bericht zur Lage der älteren Generation in der Bundesrepublik Deutschland. Altersbilder in der Gesellschaft. Bericht der Sachverständigenkommission an das Bundesministerium für Familie, Senioren, Frauen und Jugend (BMFSFJ). Berlin: Online verfügbar: http://www. bmfsfj.de/RedaktionBMFSFJ/Pressestelle/Pdf-Anlagen/sechster-altenbericht,property=pdf,bereich=bmfsfj,sprache=de,rwb=true.pdf. (Letzter Zugriff: 19.02.20145).

Bundesministerium für Familie, Senioren, Frauen und Jugend (BMFSFJ) (Hrsg.) (2012): Altern im Wandel. Zentrale Ergebnisse des Deutschen Alterssurveys (DEAS). Online verfügbar: http://www.bmfsfj.de/RedaktionBMFSFJ/Broschuerenstelle/Pdf-Anlagen/Altern-im-Wandel,property=pdf,bereich=bmfsfj,sprache=de,rwb=true.pdf. (Letzter Zugriff: 19.02.2015).

Burtscher, Reinhard (Hrsg.) (2013): Zugänge zu Inklusion: Erwachsenenbildung, Behindertenpädagogik und Soziologie im Dialog. Bielefeld: Bertelsmann.

Caspers, Andrea; Fülgraff, Barbara (1992b): Lernen als Suchbewegung. Didaktische Denkanstöße für alltagsorientierte Bildung. In: Dettbarn-Reggentin, Jürgen; Reggentin, Heike (Hrsg.): Neue Wege in der Bildung Älterer. Theor. Praktische Modelle und Konzepte. Freiburg im Breisgau: Lambertus, S. 76-89.

de Groote, Kim; Fricke, Almuth (Hrsg.) (2010): Kulturkompetenz 50+: Praxiswissen für die Kulturarbeit mit Älteren. München: Kopaed.

de Groote, Kim (2013): „Entfalten statt liften!" Eine qualitative Untersuchung zu den Bedürfnissen von Senioren in kulturellen Bildungsangeboten. München: Kopaed.

Dehmel, Alexandra; Kremer, H.-Hugo; Schaper, Nidas; Sloane, Peter F.E. (Hrsg.) (2009): Bildungsperspektiven in alternden Gesellschaften. Frankfurt am Main: Peter Lang.

Dettbarn-Reggentin, Jürgen; Reggentin, Heike (Hrsg.) (1992a): Neue Wege in der Bildung Älterer. Theoretische Grundlagen und Konzepte. Freiburg im Breisgau: Lambertus.

Dettbarn-Reggentin, Jürgen; Reggentin, Heike (Hrsg.) (1992b): Neue Wege in der Bildung Älterer. Theor. Praktische Modelle und Konzepte. Freiburg im Breisgau: Lambertus.

Eckert, Thomas; von Hippel, Aiga; Pietraß, Manuela; Schmidt-Hertha, Bernhard (Hrsg.) (2011): Bildung der Generationen. Wiesbaden: VS.

Elsenbast, Volker; Otte, Matthias; Pithan, Annebelle (Hrsg.) (2013): Inklusive Bildung als evangelische Verantwortung. Dokumentation einer Fachtagung vom 31. Januar bis 1. Februar 2013 in Hofgeismar. Online verfügbar: http://www.comenius.de/biblioinfothek/ open_access_pdfs/inklusive_bildung_2013.pdf. (Letzter Zugriff: 20.02.2015).

Engels, Dietrich; Braun, Joachim; Burmeister, Joachim (Hrsg.) (2007): SeniorTrainerinnen und SeniorKompetenzteams: Erfahrungswissen und Engagement älterer Menschen in einer neuen Verantwortungsrolle: Evaluationsbericht zum Bundesmodellprogramm „Erfahrungswissen für Initiativen". Köln: ISAB.

Erhardt, Martin; Hoffmann, Lothar; Roos, Horst (2014): Altenarbeit weiterdenken. Theorien – Konzepte – Praxis. Stuttgart: Kohlhammer.

Evangelische Arbeitsgemeinschaft für Altenarbeit in der EKD (EAfA) (Hrsg.); Foitzik, Karl (2006): Platz für Potenziale? Partizipation im Alter zwischen alten Strukturen und neuen Erfordernissen. Hannover.

Evangelische Arbeitsgemeinschaft für Altenarbeit in der EKD (EAfA) (Hrsg.) (2012): Ja zum Alter! Segel setzen für eine zukunftsfähige, weil altersfreundliche Kirche. Hannover: Online verfügbar: http://www.ekd.de/eafa/download/JA_zum_Alter_Segel_setzen%281%29%29.pdf. (Letzter Zugriff: 13.02.2015).

Evangelische Kirche in Deutschland (EKD) (Hrsg.) (2009): Im Alter neu werden können. Evangelische Perspektiven für Individuum, Gesellschaft und Kirche. Eine Orientierungshilfe des Rates der Evangelischen Kirche in Deutschland. Gütersloh: Gütersloher Verlagshaus.

Evangelische Landeskirche in Bayern (ELKB) (Hrsg.) (2004): Bildungskonzept für die Evangelisch-Lutherische Kirche in Bayern. München: Online verfügbar: http://www.dekanat-hof.de/download/bildungskonzeptelkb.pdf. (Letzter Zugriff: 13.02.2015).

Evangelische Landesorganisation für Erwachsenenbildung in Hessen (2001): Leitlinien zum 3. Lebensalter. In: Einblicke, H. 2, S. 12.

Evangelischer Oberkirchenrat in Karlsruhe (Hrsg.) (2013): Leben in Fülle und Würde – Kirche kompetent fürs Alter: Konzeption für die Arbeit mit älteren Menschen der Evangelischen Landeskirche in Baden und ihrer Diakonie. Karlsruhe: Online verfügbar: www.ekiba.de/html/media/dl.html?i=33145 (Letzter Zugriff: 12.02.2015).

Fatke, Reinhard; Merkens, Hans (Hrsg.) (2006): Bildung über die Lebenszeit. Wiesbaden: VS.

Friebe, Jens; Jana-Tröller, Melanie (2008): Weiterbildung in einer alternden deutschen Gesellschaft. Bestandsaufnahme der demografischen Entwicklungen, des Lernens im höheren Lebensalter und der Perspektiven für die Weiterbildung. DIE: Online verfügbar: http://www.die-bonn.de/doks/friebe0801.pdf (Letzter Zugriff: 13.02.2015).

Friebe, Jens (Hrsg.) (2010a): Weiterbildung älterer Menschen im demografischen Wandel: Internationale Perspektiven und Lernwege. Bielefeld: Bertelsmann.

Friebe, Jens (2010b): Weiterbildung älterer Menschen im demografischen Wandel – Deutsche und internationale Perspektiven. In: Report – Zeitschrift für Weiterbildungsforschung, Jg.33, H. 3, S. 54-63.

Friebe, Jens (2010c): Exklusion und Inklusion älterer Menschen in Weiterbildung und Gesellschaft. In: Kronauer, Martin (Hrsg.): Inklusion und Weiterbildung Reflexionen zur gesellschaftlichen Teilhabe in der Gegenwart. Bielefeld: Bertelsmann, S. 141-184.

Gehrke, Barbara (2008): Ältere Menschen und neue Medien. Online verfügbar: http://www.ecmc.de/teedrei/uploads/media/expertise_deutsch.pdf. (Letzter Zugriff: 11.02.2015).

Goeken, Anna (Hrsg.) (1978): Gruppenarbeit mit älteren Menschen: ein Werkbuch. Freiburg im Breisgau: Lambertus.

Görtzen, Hannelore (1994): Lebenskonzepte im Alter. Erwachsenenbildung als Weg der Emanzipation für älterwerdende Menschen und Menschen mit Behinderung. In: Adam, Gottfried; Kollmann, Roland; Pithan, Annebelle (Hrsg.): 'Normal ist, verschieden zu sein'. Münster: Comenius Institut, S. 145-148.

Hartmann, Claudia (2011): Wohnortnahe Seniorengruppen. In: Heetderks, Gerrit (Hrsg.): Aktiv dabei: Ältere Menschen in der Kirche. Göttingen: Vandenhoek & Ruprecht, S. 21-26.

Hausmann, Andrea; Körner, Jana (Hrsg.) (2009): Demografischer Wandel und Kultur. Veränderungen im Kulturangebot und der Kulturnachfrage. Wiesbaden: VS.

Heetderks, Gerrit (Hrsg.) (2011): Aktiv dabei: Ältere Menschen in der Kirche. Göttingen: Vandenhoek & Ruprecht.

Heetderks, Gerrit; Winter, Gabriele (2011): Gemeinwesenorientierte Altenarbeit. In: Heetderks, Gerrit (Hrsg.) (2011): Aktiv dabei: Ältere Menschen in der Kirche. Göttingen: Vandenhoek & Ruprecht, S. 45-51.

Heetderks, Gerrit; Kleint, Steffen (Hrsg.) (2014): Umdenken. Innovative Fortbildungsmodelle für die Bildungsarbeit mit älteren Menschen. Münster: Comenius Institut und DEAE.

Heidenreich, Hartmut (2012): Altern in Würde und Freiheit, Chancen und Aufgaben der Bildung im dritten und vierten Alter. In: EB Erwachsenenbildung, H. 4, S. 180-184.

Herzberg, Heidrun (2008): Lebenslanges Lernen: theoretische Perspektiven und empirische Befunde im Kontext der Erwachsenenbildung. Frankfurt am Main: Peter Lang.

Hildebrandt, Johanna; Kleiner, Gabriele (2012): Altersbilder und die soziale Konstruktion des Alters. In: Kleiner, Gabriele (Hrsg.): Alter(n) bewegt. Perspektiven der Sozialen Arbeit auf Lebenslagen und Lebenswelten. Wiesbaden: VS, S. 15-21.

Himmelsbach, Ines (2009): Altern zwischen Kompetenz und Defizit. Der Umgang mit eingeschränkter Handlungsfähigkeit. Wiesbaden: VS.

Hinz, Andreas (2002): Von der Integration zur Inklusion – terminologisches Spiel oder konzeptionelle Weiterentwicklung? In: Zeitschrift für Heilpädagogik 53, S. 354-361.

Hinze, Udo (2002): Reflexive Gerontagogik. Norderstedt: Books on Demand GmbH.

Hoffmann, Lothar (2014): Hurra, wir werden älter!? – der soziodemografische Wandel. In: Erhardt, Martin; Hoffmann, Lothar; Roos, Horst (2014): Altenarbeit weiterdenken. Theorien – Konzepte – Praxis. Stuttgart: Kohlhammer, S. 16-21.

Hoffmann, Lothar (2014): Anknüpfungspunkte für die Gemeindearbeit oder ... wie kann ein Anfang gelingen? In: Erhardt, Martin; Hoffmann, Lothar; Roos, Horst (2014): Altenarbeit weiterdenken. Theorien – Konzepte – Praxis. Stuttgart: Kohlhammer, S. 151-156.

Huber, Wolfgang (2006): „Tätiges Leben – Teilhabechancen für alle Lebensalter" – Vortrag bei dem Symposion „Platz für Potenziale? Partizipation im Alter zwischen alten Strukturen und neuen Erfordernissen" in Hannover. Hannover: Online verfügbar: http://www.ekd.de/vortraege/huber/060607_huber_hannover.html (Letzter Zugriff: 12.02.2015).

Iller, Carola (2012): Lernen, zufrieden und gesund alt zu werden. In: Die Österreichische Volkshochschule. Magazin für Erwachsenenbildung, Jg. 64, Nr. 246, H. 4, S. 6-8.

Integrationsprojekt e.V. (2015): Inklusion: Warum es uns alle betrifft. Berlin: Online verfügbar: http://www.inklusionerleben.de/inklusion/. (Letzter Zugriff: 20.02.2015).

Kade, Sylvia (Hrsg.) (1994): Altersbildung. Ziele und Konzepte. Frankfurt am Main: DIE.

Kade, Sylvia (1999): Altersbildung und Kompetenz. In: Bergold, Ralph; Knopf, Detlef; Mörchen, Annette (Hrsg.): Altersbildung an der Schwelle des neuen Jahrhunderts : Dokumentation der KBE-Fachtagung vom 14. bis 16. Dezember 1998 in Bad Honnef. Würzburg: Echter, S. 129-135.

Kade, Sylvia (2001): Selbstorganisiertes Alter – Lernen in reflexiven Milieus. DIE: Online verfügbar: http://www.die-bonn.de/doks/kade0101.pdf. (Letzter Zugriff: 05.02.2015).

Kade, Sylvia (2007): Altern und Bildung: Eine Einführung. Bielefeld: Bertelsmann.

Kalbermatten, Urs (2004): Bildung im Alter. In: Kruse, Andreas; Martin, Mike (Hrsg.): Enzyklopädie der Gerontologie: Alternsprozesse in multidisziplinärer Sicht. Bern: Huber, S. 110-124.

Kalbermatten, Urs (2008): Bildungsbedürfnisse und -interessen von Schweizern vor und nach der Pensionierung. In: Kruse, Andreas (Hrsg.) (2008): Weiterbildung in der zweiten Lebenshälfte. Bielefeld, S. 191–209.

Karl, Ute (2008): Bildsamkeit und Bildungsprozesse im Alter. In: Aner, Kirsten; Karl, Ute (Hrsg.): Lebensalter und Soziale Arbeit, Band 6: Ältere und alte Menschen. Hohengehren: Schneider, S. 161-173.

Karl, Fred (2009): Einführung in die Generationen- und Altenarbeit. Opladen: Budrich

Katholische Bundesarbeitsgemeinschaft für Erwachsenenbildung (KBE) (2003): Bildung lebenslang. Leitlinien einer Bildung im dritten und vierten Alter. 3. Auflage. Bonn: Online verfügbar: http://www.kbe-bonn.de/fileadmin/Redaktion/PDF/Dokumente_zu_EB/ LEITLIN.pdf. (Letzter Zugriff: 13.02.2015).

Katholische Bundesarbeitsgemeinschaft für Erwachsenenbildung (KBE) (2012): Das Dritte und Vierte Lebensalter in der Kirche groß schreiben! Eine Positionierung der KBE aus Anlass aktueller gesellschaftlicher Debatten und des 6. Altenberichtes der Bundesregierung. Bonn: Online verfügbar: http://www.kbe-bonn.de/fileadmin/Redaktion/PDF/Dokumente_zu_EB/ KBE_ ALTENBILDUNG_A5_2012_05_31_final.pdf. (Letzter Zugriff: 12.02.2015).

Katzenbach, Dieter (2013): Inklusion – Begründungsfiguren, Organisationsformen, Antinomien. In: Burtscher, Reinhard (Hrsg.): Zugänge zu Inklusion: Erwachsenenbildung, Behindertenpädagogik und Soziologie im Dialog. Bielefeld: Bertelsmann, S. 27-38.

Keuchel, Susanne; Wiesand, Andreas Johannes (2008): Kulturbarometer 50+: „Zwischen Bach und Blues": Ergebnisse einer Bevölkerungsumfrage. Bonn: ARCult.

Kil, Monika (2013): Bilanz der Perspektiven: Organisation und Profession im Gestaltungsrahmen einer inkludierenden Erwachsenenbildung. In: Burtscher, Reinhard; Ditschek, Eduard Jan; Ackermann, Karl-Ernst; Kil, Monika; Kronauer, Martin (Hrsg.): Zugänge zu Inklusion: Erwachsenenbildung, Behindertenpädagogik und Soziologie im Dialog. Bielefeld: Bertelsmann, S. 243-256.

Kleiner, Gabriele (Hrsg.) (2012): Alter(n) bewegt. Perspektiven der Sozialen Arbeit auf Lebenslagen und Lebenswelten. Wiesbaden: VS.

Klie, Thomas; Kumlehn, Martina; Kunz, Ralph (Hrsg.) (2009):Praktische Theologie des Alterns. Berlin, New York: Walter de Gruyter.

Klie, Thomas (2013): Kirche kompetent fürs Alter. In: Vorstand des Evangelischen Pfarrvereins in Baden e.V. (Hrsg.): Badische Vereinsblätter. Mitteilungsblatt des Evangelischen Pfarrvereins in Baden e.V. Karlsruhe: Druckerei Woge, S. 257-262.

Klingenberger, Hubert (1996): Handbuch Altenpädagogik. Aufgaben und Handlungsfelder der ganzheitlichen Geragogik. Bad Heilbrunn: Klinkhardt.

Knopf, Detlef (1999): Bildung als Ressource und Handlungsfeld im Alter. Eine Einführung in die Fachtagung. In: Bergold, Ralph; Knopf, Detlef; Mörchen, Annette (Hrsg.): Altersbildung an der Schwelle des neuen Jahrhunderts : Dokumentation der KBE-Fachtagung vom 14. bis 16. Dezember 1998 in Bad Honnef. Würzburg: Echter, S. 11-14.

Knopp, Reinhold; Nell, Karin (Hrsg.) (2007): Keywork: neue Wege in der Kultur- und Bildungsarbeit mit Älteren. Bielefeld: Transcript-Verlag.

Köster, Dietmar; Schramek, Renate; Dorn, Silke (2006): Qualitätsmerkmale in der Altersbildung und gemeinwesenorientierten SeniorInnenarbeit. In: forum erwachsenenbildung, H. 1, S. 65-69.

Köster, Dietmar; Schramek, Renate; Dorn, Silke (2008): Qualitätsziele moderner SeniorInnenarbeit und Altersbildung. Das Handbuch. Oberhausen: Athena.

Köster, Dietmar (2008): Qualität. Ein Thema für die Seniorinnenarbeit und Altersbildung? In: Sozial Extra, H. 5/6, S. 18-21.

Köster, Dietmar (2009): Entwicklungschancen in alternden Gesellschaften durch Bildung. Trends und Perspektiven. In: Dehmel, Alexandra; Kremer, H.-Hugo; Schaper, Nidas; Sloane, Peter F.E. (Hrsg.): Bildungsperspektiven in alternden Gesellschaften. Frankfurt am Main: Peter Lang, S. 85-106.

Kolland, Franz (2000): Studieren im mittleren und höheren Alter: eine empirische Studie zu Wirkungen und Bedingungen wissenschaftlicher Weiterbildung. Frankfurt a.M.: Brandes und Apsel.

Kolland, Franz (2003): Lernen und Bildung im späten Leben: In: Rosenmayr, Leopold; Böhmer, Franz (Hrsg.): Hoffnung Alter. Forschung – Theorie – Praxis. Wien: WUV Universitätsverlag, S. 194-214.

Kolland, Franz (2005): Bildungschancen für ältere Menschen. Ansprüche an ein gelungenes Leben. Wien : Lit.

Kolland, Franz (2010): Inklusion und Exklusion im Zusammenhang mit Bildung. In: Bubolz-Lutz, Elisabeth; Gösken, Eva; Kricheldorff, Cornelia; Schramek, Renate: Geragogik: Bildung und Lernen im Prozess des Alterns. Das Lehrbuch. Stuttgart: Kohlhammer, S. 122-125.

Kolland, Franz (2012): Bildung und selbstbestimmte Lebensgestaltung im Alter. In: forum erwachsenenbildung, H. 1, S. 18-22.

Kricheldorff, Cornelia (2010): Bildungsarbeit mit älteren und alten Menschen. In: Aner, Kirsten; Karl, Ute (Hrsg.): Handbuch Soziale Arbeit und Alter. Wiesbaden: VS, S. 99-109.

Kronauer, Martin (2007): Inklusion – Exklusion: ein Klärungsversuch Vortrag auf dem 10. Forum Weiterbildung des Deutschen Instituts für Erwachsenenbildung, Bonn, 8. Oktober 2007. Bonn: DIE: Online verfügbar: http://www.die-bonn.de/doks/kronauer0701.pdf. (Letzter Zugriff: 20.02.2015).

Kronauer, Martin (Hrsg.) (2010): Inklusion und Weiterbildung Reflexionen zur gesellschaftlichen Teilhabe in der Gegenwart. Bielefeld: Bertelsmann, S. 141-184.

Kruse, Andreas (1992a): Die Bedeutung der Bildung für die Entwicklung der Kompetenz bei Krankheit und Funktionseinbußen im Alter. In: Dettbarn-Reggentin, Jürgen; Reggentin, Heike (Hrsg.): Neue Wege in der Bildung Älterer. Theor. Grundlagen und Konzepte. Freiburg im Breisgau: Lambertus, S. 141-155.

Kruse, Andreas; Martin, Mike (Hrsg.) (2004): Enzyklopädie der Gerontologie: Alternsprozesse in multidisziplinärer Sicht. Bern: Huber.

Kruse, Andreas (Hrsg.) (2008): Weiterbildung in der zweiten Lebenshälfte. Multidisziplinäre Antworten auf Herausforderungen des demografischen Wandels. Bielefeld: WBV, DIE.

Kruse, Andreas (2009): Kulturelle Gerontologie: Gesellschaftliche und individuelle Antworten auf Entwicklungspotenziale und Grenzsituationen im Alter. In: Klie, Thomas; Kumlehn, Martina; Kunz, Ralph (Hrsg.) (2009):Praktische Theologie des Alterns. Berlin, New York: Walter de Gruyter, S. 75-103.

Kruse, Andreas; Wahl, Hans-Werner (2010): Zukunft Altern. Individuelle und gesellschaftliche Weichenstellungen. Heidelberg: Spektrum.

Küchler, Felicitas von (2010): Inklusion selbst entwickeln. Der Index für Inklusion als Selbstevaluationsinstrument von Weiterbildungseinrichtungen. In: Dollhausen, Karin; Feld, Timm C.; Seitter, Wolfgang (Hrsg.): Erwachsenenpädagogische Organisationsforschung. Wiesbaden: Springer, S. 331-344.

Kuwan, Helmut (2011): Weiterbildungsbarrieren: Messung, empirische Befunde für Ältere und Schlussfolgerungen. In: Eckert, Thomas; von Hippel, Aiga; Pietraß, Manuela; Schmidt-Hertha, Bernhard (Hrsg.): Bildung der Generationen. Wiesbaden: VS, S. 387-400.

Laslett, Peter (1995): Das Dritte Alter. Weinheim: Beltz, Juventa.

Lehr, Ursula; Schmidt-Scherzer, Reinhard; Quadt, Else (1979): Weiterbildung im höheren Erwachsenenalter: eine empirische Studie zur Frage der Lernbereitschaft älterer Menschen. Stuttgart, Berlin, Köln, Mainz: Kohlhammer.

Leipold, Bernhard (2012): Lebenslanges Lernen und Bildung im Alter. Stuttgart: Kohlhammer.

Lottmann, Ralf (2013): Bildung im Alter – für alle? Altersbilder, Ziele und Strukturen in der nachberuflichen Bildung in Deutschland und den USA. Bielefeld: Bertelsmann.

Malwitz-Schütte, Magdalene (2000): Selbstgesteuerte Lernprozesse älterer Erwachsener. Im Kontext wissenschaftlicher Weiterbildung. DIE: Online verfügbar: http://www.die-bonn.de/esprid/dokumente/doc-2000/malwitz-schuette00_01.pdf. (letzter Zugriff: 10.02.2015).

Malwitz-Schütte, Magdalene (2006): Lebenslanges Lernen (auch) im Alter? – Selbstgesteuertes Lernen, Medienkompetenz und Zugang zu Informations- und Kommunikationstechnologien älterer Erwachsener im Kontext wissenschaftlicher Weiterbildung. In: bildungsforschung, Jg. 3, Ausg. 2, S. 1-25. Online verfügbar: http://www.bildungs-forschung.org/Archiv/200602/lebenslang/. (Letzter Zugriff: 10.02.2015).

Müller, Klaus (2002): Evangelische Erwachsenenbildung und Mitarbeiterfortbildung. In: Seiverth, Andreas; Deutsche Evangelische Arbeitsgemeinschaft für Erwachsenenbildung (Hrsg.): Re-Visionen evangelischer Erwachsenenbildung: Am Menschen orientiert. Bielefeld: Bertelsmann, S. 500-511.

Mulia, Christian (2011): Kirchliche Altenbildung. Herausforderungen – Perspektiven – Konsequenzen. Stuttgart: Kohlhammer.

Mulia, Christian (2014): Geleitwort. In: Erhardt, Martin; Hoffmann, Lothar, Roos, Horst (2014): Altenarbeit weiterdenken. Theorien – Konzepte – Praxis. Stuttgart: Kohlhammer, S. 7-8.

Naegele, Gerhard; Tews, Hans Peter (Hrsg.) (1993): Alternde Gesellschaft – Folgen für die Politik. Opladen: Westdeutscher Verlag.

Nell, Karin (2004): Freiräume zur Entfaltung – Beispiele aus Kommune und Kirche. In: Evangelische Arbeitsgemeinschaft für Altenarbeit in der EKD (EAfA) (Hrsg.): Potenziale des Alters. Chancen für Kirche und Gesellschaft, S. 28-30.

Nell, Karin (2011): Keywork – ein Modell für die Zukunft bürgerlichen Engagements. In: Heetderks, Gerrit (Hrsg.): Aktiv dabei: Ältere Menschen in der Kirche. Göttingen: Vandenhoek & Ruprecht, S. 117-132.

Nittel, Dieter (2007): Demographischer Wandel – (Aus-)Wirkungen auf die Erwachsenenbildung. In: forum erwachsenenbildung, H. 2, S. 4-21.

Nuissl, Ekkehard (2009): Professionalisierung in der Altenbildung. In: Staudinger, Ursula; Heidemeier, Heike; Kocka, Jürgen (Hrsg.): Altern, Bildung und lebenslanges Lernen. Altern in Deutschland. Stuttgart: Wiss. Verlag, S. 95-104.

Nuissl, Ekkehard (2009): Vorbemerkungen. In: Tippelt, Rudolf; Schmidt, Bernhard; Schnurr, Simone; Sinner, Simone; Theisen, Catharina: Bildung Älterer. Chancen im demografischen Wandel. Bielefeld: Bertelsmann. S. 7-9.

Nuissl, Ekkehard (2011): Einschluss oder Ausschluss – Personengruppen in der Weiterbildung. In: Eckert, Thomas; von Hippel, Aiga; Pietraß, Manuela; Schmidt-Hertha, Bernhard (Hrsg.): Bildung der Generationen. Wiesbaden: VS, S. 401-412.

Olbrich, Erhard (1992a): Das Kompetenzmodell des Alterns. In: Dettbarn-Reggentin, Jürgen; Reggentin, Heike (Hrsg.): Neue Wege in der Bildung Älterer. Theoretische Grundlagen und Konzepte. Freiburg im Breisgau: Lambertus, S. 53-61.

Pallenberg, Claudia; Deutsches Zentrum für Altersfragen (DZA) (Hrsg.) (1981): Bildungsangebote für ältere Menschen: Dokumentation zu „Seniorenakademien" und Veranstaltungen zur Altenbildung. Berlin: DZA.

Papadopoulos, Christian (2012): Barrierefreiheit als didaktische Herausforderung. In: DIE Zeitschrift für Erwachsenenbildung, H. 2, S. 37-39.

Pasero, Urusla; Backes, Gertrud M.; Schroeter, Klaus R. (Hrsg.) (2007): Altern in Gesellschaft. Ageing – Diversity – Inclusion. Wiesbaden: VS.

Petzold, Hilarion; Bubolz, Elisabeth (Hrsg.) (1976): Bildungsarbeit mit alten Menschen. Stuttgart: Klett.

Petzold, Hilarion; Horn, Erika; Müller, Lotti (Hrsg.) (2011): Hochaltrigkeit. Herausforderung für persönliche Lebensführung und biopsychosoziale Arbeit. Wiesbaden: VS.

Pichler, Barbara (2012): Bildung im Alter: Notwendigkeit, Zumutung, emanzipatorischer Akt. In: Die Österreichische Volkshochschule, Jg. 64, Nr. 246, S. 9-11.

Pithan, Annebelle; Adam, Gottfried; Kollmann, Robert (Hrsg.) (2002): Handbuch Integrative Religionspädagogik. Gütersloh: Gütersloher Verlagshaus.

Pithan, Annebelle; Schweiker, Wolfhard (Hrsg.) (2011): Evangelische Bildungsverantwortung: Inklusion. Ein Lesebuch. Münster: Comenius Institut.

Projektgruppe Bildung im Internet (2006): Lern- und Bildungsprozesse älterer Menschen im Internet: eine qualitativ-empirische Analyse. In: bildungsforschung, Jg. 3, Ausg. 2, S. 1-19. Online verfügbar: http://www.bildungsforschung.org/Archiv/200602/internet/. (Letzter Zugriff: 12.02.2015).

Roos, Horst (2014): Drittes und viertes Lebensalter. In: Erhardt, Martin; Hoffmann, Lothar; Roos, Horst (2014): Altenarbeit weiterdenken. Theorien – Konzepte – Praxis. Stuttgart: Kohlhammer, S. 26-31.

Roos, Horst (2014): Altern aus unterschiedlichen Blickwinkeln betrachtet. In: Erhardt, Martin; Hoffmann, Lothar; Roos, Horst (2014): Altenarbeit weiterdenken. Theorien – Konzepte – Praxis. Stuttgart: Kohlhammer, S. 49-54.

Rosenmayr, Leopold; Böhmer, Franz (Hrsg.) (2003): Hoffnung Alter. Forschung – Theorie – Praxis. Wien: WUV Universitätsverlag.

Schmidt, Bernhard; Tippelt, Rudolf (2009): Bildung Älterer und intergeneratives Lernen. In: Zeitschrift für Pädagogik, Jg. 55, H. 1, S. 73-90.

Schneider, Jutta (2004): Bildung im Netz ohne Altersschranken: Grundlagen, Chancen, Perspektiven. Düsseldorf: VDM-Verlag Dr. Müller.

Schneider, Käthe (1993): Alter und Bildung: eine gerontagogische Studie auf allgemeindidaktischer Grundlage. Bad Heilbrunn: Klinkhardt.

Schölkopf, Martin (2000): Demographische Entwicklung. In: Becker, Susanne; Veelken, Ludger; Wallraven, Klaus (Hrsg.): Handbuch Altenbildung. Theorien und Konzepte für Gegenwart und Zukunft. Opladen: Leske + Budrich, S. 50-60.

Schulte, Birgit; Zirkler, Susanne (2008): Biographieszenarien Älterer in der zweiten Lebenshälfte. Anforderungen an zielgruppenspezifische Bildungsangebote. In: Report. Zeitschrift für Weiterbildungsforschung, Jg. 31, H. 4, S. 66-75.

Schulz, Claudia; Hauschild, Eberhard; Kohler, Eike (2010): Milieus praktisch. Analyse- und Planungshilfen für Kirche und Gemeinde. Göttingen: Vandenhoek & Ruprecht.

Seitter, Wolfgang (2013): Profile konfessioneller Erwachsenenbildung in Hessen. Eine Programmanalyse. Wiesbaden: VS.

Siebert, Horst (2011): Bildung im Alter. In: Magazin erwachsenenbildung.at, Ausg. 13, S. 2-8. Online verfügbar: http://www.erwachsenenbildung.at/magazin/11-13/meb11-13.pdf. (Letzter Zugriff: 14.02.2015).

Sommer, Carola; Künemund, Harald; Kohli, Martin (Hrsg.) (2004): Zwischen Selbstorganisation und Seniorenakademie. Die Vielfalt der Altersbildung in Deutschland. Berlin: Weißensee-Verlag.

Statistisches Bundesamt (2015): Behinderte und schwerbehinderte Menschen nach Alter. Wiesbaden: Online verfügbar: https://www.destatis.de/DE/ZahlenFakten/Gesellschaft/Staat/Gesundheit/Behinderte/BehinderteMenschen.html. (Letzter Zugriff: 17.02.2015).

Staudinger, Ursula; Heidemeier, Heike; Kocka, Jürgen (Hrsg.) (2009): Altern, Bildung und lebenslanges Lernen. Altern in Deutschland. Stuttgart: Wiss. Verlag.

Tews, Hans Peter (1993): Neue und alte Aspekte des Strukturwandels des Alters. In: Naegele, Gerhard; Tews, Hans Peter (Hrsg.) (1993): Alternde Gesellschaft – Folgen für die Politik. Opladen: Westdeutscher Verlag, S. 15-42.

Theunissen, Georg (2002): Altenbildung und Behinderung. Impulse für die Arbeit mit Menschen, die als lern- und geistig behindert gelten. Bad Heilbrunn: Klinkhardt.

Tippelt, Rudolf; Schmidt, Bernhard (Hrsg.) (2010): Handbuch Bildungsforschung. 3. durchgesehene Auflage. Wiesbaden: VS.

Tippelt, Rudolf; Schmidt, Bernhard (2009): Handlungsempfehlungen und Forschungsdesiderate. In: Tippelt, Rudolf; Schmidt, Bernhard; Schnurr, Simone; Sinner, Simone; Theisen, Catharina: Bildung Älterer. Chancen im demografischen Wandel. Bielefeld: Bertelsmann, S. 198-205.

Tippelt, Rudolf; Schmidt, Bernhard; Schnurr, Simone; Sinner, Simone; Theisen, Catharina (2009): Bildung Älterer. Chancen im demografischen Wandel. Bielefeld: Bertelsmann.

Tippelt, Rudolf; Reich-Claassen, Jutta (2010): Lernorte – Organisationale und lebensweltbezogene Perspektiven. In: Report. Zeitschrift für Weiterbildungsforschung, Jg. 33, H. 2, S. 11-21.

Veelken, Ludger (1990): Neues Lernen im Alter: Bildungs- und Kulturarbeit mit „Jungen Alten". Heidelberg: Sauer.

Walter, Ulla; Flick, Uwe; Neuber, Anke; Fischer, Claudia; Schwartz, Friedrich-Wilhelm (2006): Alt und gesund? Altersbilder und Präventionskonzepte in der ärztlichen und pflegerischen Praxis. Wiesbaden: VS.

Weber, Sylvia (2013): Was Hänschen nicht lernte, lernt Hans immer noch? Eine Analyse altersbezogener Bildungsangebote. In: Sozial Extra, H. 3/4, S. 39-41.

Wingchen, Jürgen (2001): Geragogik: „Von der Interventionsgerontologie zur Seniorenbildung". Lehr- und Arbeitsbuch für Altenpflegeberufe. Hagen: Kunz.

Zentrum für zivilgesellschaftliche Entwicklung (zze) (Hrsg.); Klie, Thomas; Hollfelder, Thomas; Lincke, Hans-Joachim; Riesterer, Jella; Stemmer, Philipp (2012): „Kompetent fürs Alter" Angebote für ältere Menschen in Kirche und Diakonie. Eine Studie zu Vielfalt und Profilen kirchlicher und diakonischer Altenarbeit in der Landeskirche Baden. Freiburg im Breisgau: Eigenverlag.

Zeuner, Christine (2006): Erwachsenenbildung zwischen Inklusion und Exklusion. In: Fatke, Reinhard; Merkens, Hans (Hrsg.): Bildung über die Lebenszeit. Wiesbaden: VS, S. 303-314.

10 Anhang

10.1 Kurzbeschreibung der Initiative 50plus-aktiv an der Bergstraße in Heppenheim

Die Initiative 50plus-aktiv an der Bergstraße entwickelte sich seit 2000 von einer „LernWerkstatt 50plus", die von verschiedenen Einrichtungen in der Region, vor allem vom Haus am Maiberg ins Leben gerufen wurde, über ein daran anschließendes Projekt „Lernen 2000+ Elemente zur Entwicklung einer neuen Lernkultur" und mündete nach der Projektphase in die Verstetigung als selbstorganisierte Initiative mit verschiedenen themenspezifischen Aktivgruppen, die unterstützt und begleitet wird vom Haus am Maiberg, der Akademie für politische und soziale Bildung der Diözese Mainz. Die Besonderheit der Initiative ist zum einen die Anbindung und enge Zusammenarbeit mit dem Haus am Maiberg, die umfassende Einbindung und Vernetzung mit Einrichtungen und Personen des regionalen gesellschaftspolitischen Umfeldes, mit u.a. dem Ziel der generationenübergreifenden Vernetzung. Ein besonderes Merkmal der Initiative ist die starke formale Strukturierung. So existiert neben den ehrenamtlichen KoordinatorInnen ein GruppensprecherInnenkreis, der aus den ebenfalls ehrenamtlichen SprecherInnen der einzelnen Aktivgruppen besteht. Alle Beteiligten, SprecherInnen und Teilnehmende, treffen sich monatlich im Haus am Maiberg, um die Anliegen der Initiative zu behandeln, neue Ideen einzubringen, die Arbeit in den Gruppen zu koordinieren und zu vernetzen. Insgesamt gibt es verschiedene Formen der Partizipation für alle Beteiligten, die ihre Potenziale, Interessen und Kompetenzen einbringen können, sowohl was die Gestaltung der Gruppen angeht, als auch als GruppensprecherIn einer oder mehrerer Gruppen zu fungieren. Daher sind die Themen an der Lebenswelt der Aktiven orientiert und sowohl altersspezifisch als auch altersübergreifend. Die Teilnehmenden sind verschiedenen Bildungs- und Berufsgruppen sowie Konfessionen angehörig und in der Regel über 65 Jahre alt. Neben den Aktivgruppen werden Exkursionen bzw. politische Bildungsreisen angeboten, die in der Regel vom Haus am Maiberg organisiert werden.

Informationen und Kontakt: http://www.50plus-aktiv-bergstrasse.de/

10.1.1 Vorstellung der Initiative 50plus-aktiv im Überblick

Name: Initiative 50plus-aktiv an der Bergstraße

Ort: Region Bergstraße

Träger: unterstützt vom Haus am Maiberg – Akademie für politische und soziale Bildung der Diözese Mainz

Entstehung: 2000 als sogenannte „LernWerkstatt 50 plus" ins Leben gerufen, Fortsetzung über 2 Jahre über das bundesweite Programm „Lernen 2000+ Elemente zur Entwicklung einer neuen Lernkultur", in der Zeit entstanden erste Aktivgruppen, danach als Initiative selbstorganisiert tätig

Ursprungsidee, Motivation: keine Angebote für „Junge Alte", keine Möglichkeiten, Wissen, Erfahrungen und das Aktiv-Sein-Wollen einbringen zu können. Wunsch etwas zu machen, wurde von einem Menschen („50 plus Betroffenen") an das Haus am Maiberg herangetragen.

Organisationsstruktur: Selbstorganisiert.

- Mindestens zwei KoordinatorInnen üben Sprecherfunktion für die Initiative aus
- Gruppensprecherkreis setzt sich zusammen aus den SprecherInnen der einzelnen Aktivgruppen, trifft sich 4 Mal im Jahr
- Aktivgruppen handeln selbstorganisiert und autonom, GruppensprecherIn koordiniert Gruppe
- Monatstreffen aller Aktiven aus den Gruppen
- Jährliche Tageswerkstatt für alle Interessierten mit Rück- und Ausblick auf die Initiative
- Neue Ideen können in den Monatstreffen angesprochen werden und es können daraus neue Aktivgruppen entstehen

Zielgruppe: Menschen am Übergang vom Berufsleben in den Ruhestand, ab 50, gleich welchem beruflichen Hintergrund, welchem Geschlecht und welcher Konfession sie angehören

Gruppe der TN: eher ü70, 120-130 TN, alle Berufs- und Bildungsgruppen, verschiedene Konfessionen

Inhaltliche Schwerpunkte:

- Wandern und Natur
- Politische Bildung(-sreisen)
- nicht vorrangig religiöse Themen aber eine Spiritualitätsgruppe
- Alltags- und Lebensweltthemen (Sterben, Patientenverfügung, Wohnen, etc.)

- biografisch orientiert durch Einbezug der Potenziale und Ideen der TN
- kulturelle Bildung
- altersspezifische und altersübergreifende Themen

Formen der Angebote: je nach Gruppe, unterschiedlich häufige Treffen, Exkursionen, politische Bildungsurlaube

Größe/Umfang der Angebote: 15 Gruppen mit je eigenen Themen und unterschiedlichen TeilnehmerInnenzahlen, insgesamt sind etwa 140 Leute in der Initiative aktiv

Kosten: Jahresbeitrag von 36 Euro, Beitrag bei Veranstaltungen im Haus am Maiberg von 2 Euro

Räume und Orte: Haus am Maiberg, weitere Räume in anderen Orten

Prinzipien der Institution:

- Offenheit und nicht zu feste Strukturen (wobei zur Diskussion steht, ob die Initiative ein Verein wird, um in die Vorzüge eines Vereins zu kommen)
- Ermöglichungsraum für das Einbringen von Wissen, Kenntnissen und Erfahrungen
- Mitgestaltung und Mitsprache, Partizipation

Gelingensfaktoren für die Arbeit:

- es muss einen Kern oder eine Ansprechperson geben, wo alles zusammenläuft, die alles im Blick hat, koordiniert und kanalisiert
- Partizipation der Teilnehmenden in einem vorgegebenen Rahmen
- Leute, die sich engagieren, sich einbringen und beteiligen wollen
- Zielgruppenangemessene Öffentlichkeitsarbeit über viele Wege
- Anbindung an eine feste Struktur/Organisation, hier das Haus am Maiberg

Besonderheiten:

- Einbindung der Initiative in den lokalen und regionalen gesellschaftspolitischen Kontext
- Vielfältige Kooperation mit anderen Einrichtungen und Amtsträgern im Umfeld
- Intergenerationelle Begegnung betont
- Anbindung an das Haus am Maiberg als Akademie für politische und soziale Bildung der Diözese Mainz („Also insofern hat das Haus schon eine existenzielle Rolle auch für die Initiative" (I4: 73))

- Besondere Betonung der politischen Bildung (vor allem politische Bildungsreisen), u.a. durch die Anbindung an das Haus am Maiberg aber auch durch die Kooperationen mit dem gesellschaftspolitischen Umfeld

Herausforderungen (aktuell und zukünftig):

- AktivgruppenleiterInnen verfügen nicht immer über Kompetenzen zur Moderation und Gestaltung einer Gruppe in Selbstorganisation
- mit den strukturellen und organisatorischen Veränderungen in den Gemeinden und Dekanaten umgehen
- Altenarbeit in anderen Gemeinden verändern, innovative Ideen umsetzen
- Viertes Lebensalter mehr in den Blick nehmen
- Frage der Abhängigkeit/Unabhängigkeit vom Haus am Maiberg als Institution
- Arbeit einer Initiative auch vom Umfeld abhängig, auch was Klientel angeht
- Der Ausdifferenzierung des Alters mit kirchlicher Bildungsarbeit gerecht werden

Empfehlungen für gelingende Altenbildungsarbeit:

- Kooperationen und Vernetzungen im gesellschaftlichen (politischen) Umfeld
- Zielgruppensensible Öffentlichkeitsarbeit
- Beziehungsarbeit mit der Zielgruppe älterer Menschen betonen
- Sensibel mit neuen Medien umgehen, Ältere vorsichtig hinführen
- Ehrenamtliche schulen und unterstützen, z.B. was die Moderation und Gestaltung von Gruppenprozessen angeht

10.2 Kurzbeschreibung der Initiative Aktive Mitte in Offenbach

Die Initiative Aktive Mitte, angebunden und getragen von der Evangelischen Mirjamgemeinde in Offenbach am Main, wurde 2005 von Mitgliedern des Kirchenvorstandes aus der Einsicht heraus ins Leben gerufen, dass es neben der traditionellen Altenarbeit in der Gemeinde an Angeboten für Menschen fehle, die aktiv ihr Leben nach dem Beruf/nach der Familienphase selbst gestalten wollen. Mit der Unterstützung durch die EKHN wurde die Idee einer selbstorganisierten und von einem zweiköpfigen ehrenamtlichen Leitungsteam betreuten Initiative entwickelt, in der aktuell etwa 16 Menschen im Alter zwischen 58 bis über 80 Jahren bei monatlichen Treffen und punktuell stattfindenden Fahrten aktiv sind. Die Teilnehmenden sind verschiedenen Berufs- und Bildungsgruppen sowie verschiedenen Konfessionen angehörig. Die inhaltliche Gestaltung der Treffen und Fahrten wird mit der beratenden Unterstützung durch die EKHN partizipativ mit den Teilnehmenden ausgehandelt, weswegen sowohl altersspezifische als auch altersübergreifende Themen am Lebensalltag der Aktiven orientiert umgesetzt werden. Die Besonderheiten der Initiative sind die Anbindung an die Gemeinde, ohne dass der Pfarrer in die Gestaltung und Organisation der Initiative involviert ist, die Unterstützung durch die EKHN, die ehrenamtliche Leitung sowie partizipative Einbindung der Teilnehmenden in die selbstorganisierte Initiative.

Informationen und Kontakt: http://www.lutherkirche-of.de/gemeinde/aktmitte.html

10.2.1 Vorstellung der Initiative Aktive Mitte im Überblick

Name: Aktive Mitte

Ort: Offenbach am Main und Umland

Träger: Evangelische Mirjamgemeinde Offenbach am Main

Entstehung: 2005, eine Gruppe aktiver Menschen im Ruhestand entwickelte die Idee und trug diese an die EKHN heran, daraus entwickelte sich die Gruppe

Ursprungsidee, Motivation: Angebote, Beteiligungsmöglichkeiten und Aktionsräume in der Gemeinde erschließen für Menschen, die sich von den traditionellen Angeboten nicht angesprochen fühlen und aktiv sein wollen

Organisationsstruktur: Selbstorganisiert. Zwei ehrenamtliche Leiter organisieren die Treffen der Gruppe, diese Leiter werden in allen Belangen der Gruppe unterstützt von der EKHN, ohne Pfarrer oder andere Hauptamtliche neben der EKHN

Zielgruppe: alle, die Interesse haben, offen für alle Konfessionen, jede Berufs- und Altersgruppe

Gruppe der Teilnehmenden:

- alle Bildungs- und Berufsgruppen sind vertreten
- überwiegend Alleinstehende/Verwitwete, wenige Paare
- zwischen 58-ü80 Jahren alt

Inhaltliche Schwerpunkte:

- nicht vorrangig religiös
- Alltags- und Lebensweltthemen
- biografisch orientiert
- kulturelle Bildung
- altersspezifische und altersübergreifende Themen

Formen der Angebote: monatliches Treffen, Fahrten und Ausflüge

Größe/Umfang der Angebote: etwa 16 aktive TN, bei Fahrten unterschiedlich

Räume und Orte: Räume der Gemeinde

Kosten: tragen TN selbst, Räume werden zur Verfügung gestellt

Prinzipien der Institution:

- Mitsprache und Mitgestaltung der TeilnehmerInnen bei der Themenauswahl und Gestaltung der Treffen und Ausflüge
- Erleben und Leben der Gemeinschaft
- Achtsamkeit und Wertschätzung
- Aktivität und Neugierde

Gelingensfaktoren für die Arbeit:

- Anbindung an eine feste Struktur/Organisation, hier die Gemeinde und EKHN
- „es müssen neue Leute was wollen" (I2: 34)
- Bereitschaft aller für Veränderungen und Neues sowie die Gemeindesituation
- Partizipation und Bereitschaft der teilnehmenden Menschen, sich einzubringen
- Es muss einen Kern geben, trotz aller Freiwilligkeit und Durchlässigkeit („also Sie brauchen so eine Basisgruppe, die den Kern macht" (I2: 573))
- Örtliche und gemeindliche Infrastruktur als Gelingensfaktor aber auch als Herausforderung

Besonderheiten:

- gemeindliches Angebot, ohne dass der Pfarrer dabei ist
- Professionelle Beratung durch Martin Erhardt (EKHN)
- hohe Engagementbereitschaft der Ehrenamtlichen erforderlich

Herausforderungen (aktuell und zukünftig):

- Ehrenamtliche LeiterInnen müssen Kompetenzen zur Leitung und Moderation einer Gruppe haben
- Frage nach Durchlässigkeit für neue Gruppenmitglieder
- Gruppe altert: (mögliche) Mobilitätseinbußen, Sterbefälle und Krankheiten
- Nachfolge für Leiterteam
- Partizipationsrahmen gestalten: nicht komplett offen, sondern eher als einen Ermöglichungsrahmen für Verhandlungen
- mit den strukturellen und organisatorischen Veränderungen in den Gemeinden und Dekanaten umgehen

Empfehlungen:

- Keine Angebote bei großer Hitze
- Auf Barrierefreiheit achten
- Kurze Wege
- Nicht zu spät am Tag Aktivitäten planen
- Partizipationsrahmen gestalten: nicht komplett offen, sondern eher als einen Ermöglichungsrahmen für Verhandlungen vorgeben
- Aktivitäten für Ältere an deren Lebensthemen entlang orientieren

10.3 Kurzbeschreibung des Seniorenbüros Winkelsmühle in Dreieich

Das Seniorenbüro Winkelsmühle, getragen vom Diakonischen Werk Offenbach-Dreieich-Rodgau, wurde aus einem Bundesmodellprojekt für eine „innovative Form der Altenarbeit" heraus 1995 gegründet und versteht sich laut der Leiterin Patricia Goetz als „eine Freiwilligenagentur, also eine Vermittlungsstelle für freiwilliges Engagement, Beratungsstelle (.) und (.) ja, mit Schwerpunkt Senioren ursprünglich aber mittlerweile für alle Generationen geöffnet, so grob würd ich jetzt mal sagen. Vernetzungsagentur ist es auch noch" (I1: 35). Trotz einer Angebotsorientierung ermöglicht das Seniorenbüro gleichwohl die Partizipation der Freiwilligen an der Gestaltung der bestehenden und auch neuen Projekte. Inhaltlich werden in den Projekten z.b. aktuelle Themen aus der Gesellschaft, wie Flüchtlingsarbeit, sowie generationenübergreifende und auch interkulturelle Projekte an den Lebensthemen der Freiwilligen orientiert, wie „JoSch" (Jugend ohne Schulden) oder „Ge-Mit" (Generationen miteinander im Freiwilligendienst) angeboten. Die Arbeit des Seniorenbüros fußt auf einer umfassenden Kooperation mit beteiligten ProjektpartnerInnen sowie Einrichtungen aus der Politik und dem sozialen Bereich im weiteren Umland. Die Gruppe der Teilnehmenden umfasst verschiedene Berufs- und Bildungsgruppen sowie Menschen mit unterschiedlicher Konfession. Weiter sind zwar alle Altersgruppen angesprochen, jedoch liegt der Schwerpunkt bei den teilnehmenden Freiwilligen bei der Altersgruppe der über 65 Jährigen. Die Leiterin und die weiteren Mitarbeitenden im Seniorenbüro sind hauptamtlich angestellt. Die Besonderheiten des Seniorenbüros sind eine hohe Transparenz der Arbeit nach innen und außen, eine unkonventionelle und flexible Herangehensweise an die Arbeit mit vielen Möglichkeiten der Partizipation der Freiwilligen trotz der Angebotsorientierung, die professionelle Begleitung der Freiwilligen durch Hauptamtliche und die Betonung der bedürfnisorientierten Inklusion aller Interessierten bei gleichzeitig sensibler Beachtung der individuellen Lage jedes/r Einzelnen.

Informationen und Kontakt: http://www.diakonie-of.de/angebote/winkelsmuehle-dreieich/seniorenbuero-winkelsmuehle.html

10.3.1 Vorstellung des Seniorenbüros Winkelsmühle im Überblick

Name: Seniorenbüro Winkelsmühle

Ort: Dreieich

Träger: Diakonisches Werk Offenbach-Dreieich-Rodgau

Entstehung: 1995 als Bundesmodellprojekt für eine „innovative Form der Altenarbeit" gestartet, dann in die selbständige Arbeit übergegangen. Heute: Freiwilligenagentur (Beratung, Vermittlung, Schulung) und Begegnungsstätte.

Ursprungsidee, Motivation: Veränderungen der Bevölkerungsstruktur durch demografischen Wandel und veränderte gesellschaftliche Bedingungen für ältere Menschen aufgreifen und neue Formen der Altenarbeit und vor allem des ehrenamtlichen Engagements und Partizipation Älterer ermöglichen

Organisationsstruktur: angebotsorientiert mit hauptamtlichen Mitarbeitern

Zielgruppe: alle Interessierten („Wir sind erstmal einfach für alle da" (I1: 127))

Gruppe der Teilnehmenden: überwiegend ältere, noch aktive und mobile Menschen aus allen Berufs- und Bildungsschichten, unterschiedliche Konfessionen

Inhaltliche Schwerpunkte:

▪ nicht vorrangig religiös aber Anbindung an Diakonie bewusst und wichtig („spielen die Werte, diakonischen Werte natürlich auch eine Rolle" (I1: 127))
▪ Intergenerationeller Austausch in den Projekten
▪ Soziales Engagement
▪ Interkultureller Austausch, z.B. in der Flüchtlingshilfe
▪ Alltags- und Lebensweltthemen, biografisch orientiert

Formen der Angebote: Treffen in der Begegnungsstätte, Qualifizierung der Ehrenamtlichen, Danke-Feste ein Mal im Jahr, Engagement an sich regelmäßig oder punktuell außer Haus je nach Projekt

Größe/Umfang der Angebote: je nach Projekt und Veranstaltung unterschiedlich

Räume und Orte: Räume des Seniorenbüros, der Gemeinde und vor allem der Kooperationspartner, wo die ehrenamtlichen Aktivitäten stattfinden

Kosten: trägt das Seniorenbüro

Prinzipien der Institution:

▪ Transparenz als demokratischer Grundwert

- „die Grundsätze, die wir hier haben, sind ja die passgenaue Vermittlung (...), heißt, es wird auch ganz stark auf den Interessenten geguckt, was er für persönliche Motive aber halt auch Kompetenzen, die damit zusammenhängen, mitbringt" (I1: 323)
- Keine Ausgrenzung und Diskriminierung z.b. von Hochaltrigen aber auch andere Alters- und Bevölkerungsgruppen
- Mitgestaltung der TeilnehmerInnen bei der Gestaltung der Projekte, explizit an Ressourcen orientiert („jeder Mensch hat Ressourcen, ob er mobil ist oder nicht"(I1: 134))
- „also ich würd neben dieses ressourcenorientiert noch bedürfnisorientiert setzen" (Lukas, Abs. 143), unterschiedliche Bedürftigkeiten berücksichtigen
- Generationendialog im Mittelpunkt (z.b. „Jugend ohne Schulden-Projekt")
- Offenheit, unkonventionelles Arbeiten und Flexibilität
- Rahmenbedingungen und rechtliche Absicherung des Engagements, gegen Ausbeutung und zum Schutz der Freiwilligen

Gelingensfaktoren für die Arbeit:

- Bereitschaft der teilnehmenden Menschen, sich einzubringen und zu engagieren
- Breite Öffentlichkeitsarbeit und Transparenz nach außen und innen
- Struktureller Rahmen muss passen, auch was Finanzen angeht und Anbindung an Strukturen, wie evangelische Kirche oder den Kreis
- Kommunikation pflegen mit allen Beteiligten, Feedback- und Anerkennungskultur

Besonderheiten:

- Enge Vernetzung mit dem Kreis, der Politik, vielen Einrichtungen und organisatorischen Stellen, die mit dem Älterwerden in der Region zu tun haben
- „Das Seniorenbüro zeichnet auch aus, dass wir sehr, mit einer sehr hohen Kompetenz arbeiten und letztendlich auch eigentlich immer das Unmögliche machen" (I1: 53)
- Offenheit, Kreativität

Herausforderungen (aktuell und zukünftig):

- Neue Altersbilder etablieren und verbreiten (von Defizit zu Kompetenz)
- Kategoriendenken auflösen und weg vom kalendarischen Alter denken
- Finanzierung der Arbeit ist immer eine Herausforderung und diese wird größer
- Umstrukturierungen in Dekanaten und Gemeinden
- Arbeit ist immer auch abhängig vom Umfeld, dem Klientel, den Strukturen. Damit muss man umgehen und nah an diesem Umfeld orientiert arbeiten.

▪ Alle Beteiligten müssen zum Umdenken und für Veränderungen bereit sein

Empfehlungen:

▪ als Einrichtung offen sein, nah an den Menschen und deren Lebenswelt und damit auch leicht zugänglich sein.

▪ Fahrdienste bei Beeinträchtigungen der Mobilität („Also Aktivität wird ja immer mit Mobilität verbunden und dann schauen wir halt, (…) dass der dann sich irgendwie beschäftigen kann oder halt aktiv einbringen kann in dem Rahmen, in dem das möglich ist" (I1: 134))

▪ Bedürfnisorientiert arbeiten. Das heißt auch, dass Ältere etwas bewusst NICHT tun müssen, weil sie sich dagegen entschieden haben (freie und wertfreie Entscheidungen akzeptieren und Freiheiten lassen)

▪ Umfeld, Milieu, Lebenswelten als Bezugsrahmen für die Arbeit nutzen und berücksichtigen

▪ Angebote ausdifferenzieren für die heterogene Zielgruppe Älterer und an Zielgruppen orientiert arbeiten

10.4 Kurzbeschreibung der Initiative 55 plus-minus – gemeinsam aktiv werden in Bornich

Die Initiative 55 plus-minus, angebunden an das evangelische Dekanat St. Goarshausen, wurde 2005 von dem heute immer noch amtierenden ehrenamtlichen Sprecher der Initiative gemeinsam mit weiteren Interessierten und mit der Unterstützung durch die EKHN ins Leben gerufen, um das bereits bestehende traditionelle Angebot der Altenarbeit in der Region um die Möglichkeit zu ergänzen, dass sich Menschen mit gleichen Interessen zusammenfinden, Kontakte knüpfen und gemeinsam aktiv sein können. Mit dem Ziel generationenübergreifender Vernetzung und Zusammenarbeit werden in themenspezifischen Projektgruppen, die ebenfalls von ehrenamtlichen ProjektbetreuerInnen begleitet werden, Angebote in selbstorganisierter Form umgesetzt, dabei sind die ProjektbetreuerInnen meist auch die IdeengeberInnen für die jeweilige Gruppe. Durch die Selbstorganisation haben die Teilnehmenden die Möglichkeit, ihre Kompetenzen und Potenziale in die gemeinsamen Aktivitäten der Gruppe(n) einzubringen und sich aktiv an der Gestaltung der Initiative zu beteiligen, daher stammen die Themen aus der Lebenswelt der Teilnehmenden und sind sowohl altersübergreifend als auch altersspezifisch ausgerichtet, wie z.B. Wandern, Literatur, Spiele, etc. Aktuell existieren etwa um die 50 Projekte, die über 200 Veranstaltungen mit über 3000 Teilnehmenden insgesamt pro Jahr durchführen. Trotz des Ziels der generationenverbindenden Arbeit sind die Teilnehmenden im Durchschnitt etwa über 60 Jahre alt und gehören unterschiedlichen Berufs- und Bildungsgruppen sowie verschiedenen Konfessionen an. Neben den Projekten bzw. Gruppen wird eine „Mitmachbörse für soziale Kontakte" angeboten, bei der Interessierte kleine Dienstleitungen suchen und anbieten können. Die Besonderheiten der Initiative sind die ehrenamtliche und selbstorganisierte Arbeit der Initiative bzw. der Gruppen, die gestützt wird von einer umfangreichen Öffentlichkeitsarbeit mittels an alle Haushalte verteilte Programme sowie die Internetplattform, auf der sich Interessierte informieren, anmelden oder neue Themen anbieten sowie Einblick in die Mitmachbörse erhalten können.

Informationen und Kontakt: http://www.i55plusminus.de/

10.4.1 Vorstellung der Initiative 55 plus-minus im Überblick

Name: Initiative 55 plus-minus – gemeinsam aktiv werden

Ort: Bornich und Umland

Träger: Evangelisches Dekanat St. Goarshausen

Entstehung: 2004 Planungen: Herr Zorbach suchte Gleichgesinnte, fand 8 Leute, das Konzept für die Initiative wurde gemeinsam mit einem Berater der EKHN entwickelt, seit 2005 ist die Initiative aktiv

Ursprungsidee, Motivation: keine Angebote für „Junge Alte", keine Möglichkeiten, Potenziale, Kompetenzen und Fähigkeiten einzubringen, Initiative als Ermöglicherin für die Entstehung von Netzwerken von Leuten mit gleichen Interessen

Organisationsstruktur: Selbstorganisiert. Menschen mit Ideen tragen diese an den Sprecher (oder einen seiner drei Stellvertreter) der Initiative über verschiedene Wege heran. Man überlegt gemeinsam, wie man die Idee umsetzen kann. Themen und Ideen werden veröffentlicht auf der Homepage, im Gemeindeblatt und im Halbjahresprogramm. Es bilden sich Interessensgemeinschaften, die von einem/einer Freiwilligen ehrenamtlich als ProjektbetreuerIn (nicht LeiterIn) betreut werden. Die Treffen und Aktivitäten werden selbstorganisiert durchgeführt. Oft ist der/die ProjektbetreuerIn der/die IdeengeberIn.

Zielgruppe: Menschen jeder Konfession, jeden Alters, jeder Herkunft und jedes Bildungsstands

Gruppe der TN:

- Zwei Drittel Frauen, ein Drittel Männer
- 12-ü90 aber überwiegend ü60
- Alle Bildungs- und Berufsgruppen

Inhaltliche Schwerpunkte:

- Wandern und Natur
- nicht vorrangig religiöse Themen
- Alltags- und Lebensweltthemen (Sterben, Patientenverfügung, Wohnen, etc.)
- biografisch orientiert durch Einbezug der Potenziale und Ideen der TN
- kulturelle Bildung
- altersspezifische und altersübergreifende Themen

Formen der Angebote: je nach Gruppe:

- regelmäßige Treffen mit unterschiedlichem Turnus
- Reisen und Exkursionen, Fahrten
- Mitmachbörse (Angebote und Nachfragen werden an einem Punkt koordiniert)

Größe/Umfang der Angebote: 2013: 51 Projekte mit 282 Veranstaltungen und insgesamt 4300 TeilnehmerInnen

Kosten: tragen TN selbst

Räume und Orte: die meisten Veranstaltungen finden in Räumen der Kirche/Gemeinden statt, einige aber in anderen Räumen, die die TeilnehmerInnen nutzen können

Prinzipien der Institution:

- Offenheit für TN und Themen, Ideen
- Ermöglichungsstrukturen schaffen und Räume für Begegnung bieten („Wir sind Plattform für die, die was wollen" (I3: 50))

Gelingensfaktoren für die Arbeit:

- es muss einen Kern oder eine Ansprechperson geben, wo alles zusammenläuft, der alles im Blick hat, koordiniert und kanalisiert
- Menschen, die sich engagieren, sich einbringen und beteiligen wollen
- Offenheit, keine starren Strukturen („das halt ich für in der Tat wesentlich: Die Offenheit" (I3: 44))
- Zielgruppenangemessene Öffentlichkeitsarbeit über viele Wege
- Anbindung an eine feste Struktur/Organisation, hier die Gemeinde und EKHN
- Örtliche und gemeindliche Infrastruktur

Besonderheiten:

- schon Titel der Initiative zeigt, dass der intergenerationelle Austausch gefördert werden soll („was wir eigentlich wirklich wollten: Das Generationsübergreifende" (I3: 4))

- das Thema ist der Aufhänger eines Angebots
- Homepage als Plattform für Projekte und Gewinnung von TN
- hohe Engagementbereitschaft und starkes Eingebundensein der Ehrenamtlichen
- professionelle Begleitung durch EKHN

Herausforderungen (aktuell und zukünftig):

- Finanzierung der Initiative, vor allem der Öffentlichkeitsarbeit
- NachfolgerInnen mit entsprechenden Kompetenzen finden
- Initiativen mehr selbst laufen lassen und weniger Arbeit investieren
- Starre Strukturen und mangelnde Einsicht der Notwendigkeit von Veränderungen und/oder der Unterstützung solcher Initiativen
- Örtliche und gemeindliche Infrastruktur
- mit den strukturellen und organisatorischen Veränderungen in den Gemeinden und Dekanaten umgehen
- Viertes Lebensalter verstärkt in den Blick nehmen
- mit Alterserscheinungen umgehen
- Altenarbeit in anderen Gemeinden verändern, innovative Ideen umsetzen
- Der Ausdifferenzierung des Alters mit kirchlicher Bildungsarbeit gerecht werden

Empfehlungen:

- Dorthin gehen, wo die älteren Menschen sich im Alltag aufhalten
- Den Bedarf der Menschen in einer Gemeinde erheben
- Verschiedene Wege zur Öffentlichkeitsarbeit nutzen
- Menschen dazu ermutigen, sich einzubringen
- Neue Medien sensibel nutzen

10.5 Kurzbeschreibung der Initiative pluspunkt – der Treff nicht nur für Ältere in Erbenheim

Der pluspunkt – Treff nicht nur für Ältere wurde 1986 in der evangelischen Paulusgemeinde in Erbenheim durch die Initiative eines Sozialpädagogen ins Leben gerufen, der in der politischen Gemeinde eine Bestandsaufnahme der bestehenden Altenbildungsangebote machte und feststellte, dass es neben den traditionellen Angeboten keine Möglichkeiten für Menschen gab, sich mit ihren

Interessen und Potenzialen aktiv einzubringen und neue BürgerInnen in der
Region kaum Chancen hatten, in die bestehenden Gruppen integriert zu werden.
Begründet auf der Idee, eine Plattform für Partizipation und Engagement für alle
Interessierten aufzubauen, haben sich unterschiedliche Angebote entwickelt, wie
themenspezifische Gruppen, ein Kleinreparaturdienst von Älteren für Ältere,
Exkursionen und Fahrten. Die Themen und Inhalte werden von den Teilnehmenden selbst eingebracht, stammen daher aus deren Lebensalltag und sind
sowohl altersspezifisch als auch altersgruppenübergreifend, wie z.b. Wander-
und Schlendertreffs, biografische Themen, Spiritualität und Religion. Die Kern-
gruppe der Teilnehmenden beläuft sich auf eine Anzahl von etwa 100 Aktiven,
die im Durchschnitt über 65 Jahre alt sind und unterschiedlichen Berufs- und
Bildungsgruppen sowie Konfessionen zuzuordnen sind. Die einzelnen Gruppen
werden – oft von den IdeengeberInnen – ehrenamtlich organisiert und dabei
vom hauptamtlichen Leiter der Initiative unterstützt. Das Besondere an der Initiative ist, dass sie von einem hauptamtlichen Leiter initiiert und organisiert wird,
der die ehrenamtlichen GruppenbetreuerInnen unterstützt und begleitet sowie
Kooperationen mit Einrichtungen aus dem Umland pflegt. Die Initiative macht
reine Angebotsarbeit bei gleichzeitig umfangreicher Partizipation der Interessierten an der Gestaltung und Entwicklung neuer Angebote und Organisation
derer. Weiter besteht die Initiative schon seit vielen Jahren, bleibt jedoch zeit-
gemäß und aktuell, weil immer wieder neue Themen von den bereits aktiven
oder neuen Teilnehmenden eingebracht werden.

Informationen und Kontakt: http://www.pluspunkt-erbenheim.de/

10.5.1 Vorstellung der Initiative pluspunkt im Überblick

Name: pluspunkt – der Treff nicht nur für Ältere

Ort: Erbenheim

Träger: Paulusgemeinde Wiesbaden Erbenheim

Entstehung: 1986 auf Initiative des Hauptamtlichen

Ursprungsidee, Motivation: Bestandaufnahme der Angebote in der Gemeinde,
Neubaugebiet mit überwiegend älterer Bevölkerung, keine Integrationsmöglich-
keiten, sondern eher Ausgrenzung für (nicht nur neue) BürgerInnen. „Spielwie-
se" (I6: 6) bzw. ein offenes Feld anbieten für neue Formen der Altenbildung und
für ehrenamtliches Engagement

Organisationsstruktur: reine Angebotsarbeit. Leitung durch einen Hauptamtlichen, Gruppen haben ehrenamtliche GruppenleiterInnen. Interessierte machen

Vorschläge und Hauptamtlicher entwickelt neue Angebote zusammen mit den Interessierten.

Zielgruppe: alle, die Interesse haben, sich einzubringen, offen für alle

Gruppe der Teilnehmenden:

- alle Bildungs- und Berufsgruppen
- eher ältere TN in der nachberuflichen Phase

Inhaltliche Schwerpunkte:

- nicht vorrangig religiös
- Wandern, Reisen, Natur
- Alltags- und Lebensweltthemen, biografisch orientiert, handlungspraktisch
- kulturelle Bildung (Kleinbühne, Kunstprojekte, Malen)
- altersspezifische und altersübergreifende Themen

Formen der Angebote: monatliche Treffen, Fahrten und Ausflüge, Reisen. Reparaturdienst wird zwei Mal in der Woche angeboten

Größe/Umfang der Angebote: bei Fahrten unterschiedlich, Kerntreffen bis zu 100 Personen

Räume und Orte: Haus der Gemeinde in Erbenheim

Kosten: Räume und Verbrauchsmaterial werden zur Verfügung gestellt, Referenten werden von TN bezahlt, Reisen bezahlen TN selbst

Prinzipien der Institution:

- „so viel wie möglich Mitverantwortung, Eigenverantwortung, Kompetenzeinbringung (…) und Ideeneinbringung, Bedürfnisse, alles das, was die Leute selber haben, kommt hier rein" (I6: 20)
- Mitsprache und Mitgestaltung der TN bei der Themenauswahl und Gestaltung der Treffen und Ausflüge, TN leiten Gruppen autonom und ehrenamtlich
- Erleben und Leben der Gemeinschaft
- „Angebot vieler für viele" (Homepage), Angebot der Leute für die Leute

Gelingensfaktoren für die Arbeit:

- Partizipation und die Bereitschaft der teilnehmenden Menschen, sich einzubringen
- Es muss einen Kern geben, trotz aller Freiwilligkeit und Durchlässigkeit
- Es muss eine Stelle, eine Person geben, wo alles zusammenläuft und koordiniert wird

- Ressourcen müssen zur Verfügung gestellt werden
- Offenheit für Neues („Lasst uns einfach einen Ballon mal steigen und dann gucken wir mal" (I6: 22))
- Insgesamt Beziehungsarbeit als Basis, Vertrauen („man kennt mich" (I6: 35))
- Nah an der Lebenswelt der TN sein
- „Konzept der offenen Tür" (I6: 22), da sein, ansprechbar sein
- Breite Öffentlichkeitsarbeit
- Sinnvolle Vernetzung und Kooperation mit Institutionen im Umfeld
- Örtliche und gemeindliche Infrastruktur als Gelingensfaktor aber auch als Herausforderung

Besonderheiten:

- Offenes Angebot der Kirche anstatt „vereinsintern" (I6: 39) in geschlossenen Kreisen
- gemeindliches Angebot mit einem Sozialpädagogen, der hauptamtlich die Initiative leitet
- Durch Orientierung der Angebotsgestaltung an den Interessen und Ideen der TN kann eine breite Vielfalt angeboten werden und das Programm bleibt immer auf dem neusten Stand

Herausforderungen (aktuell und zukünftig):

- Nachfolge für hauptamtliche Leitung, Stelle hat KW-Vermerk
- Partizipationsrahmen gestalten: nicht komplett offen, sondern eher als einen Ermöglichungsrahmen für Verhandlungen
- strukturelle und organisatorische Veränderungen in den Gemeinden und Dekanaten
- Mit Krankheit, Sterbefällen und dem Älterwerden umgehen
- Starre Strukturen in der Gemeinde bzw. Kirche und Abwehr von Veränderungen überwinden
- Ein „richtig großer Kampf" (I6: 10) um hauptamtliche Stellenbesetzung und Finanzen
- Hohe Zahl an Interessierten, Grenzen der Räume und Probleme für das neben dem Hauptamtlichen ehrenamtliche Personal

Empfehlungen:

- Partizipationsrahmen gestalten: nicht komplett offen, sondern eher als einen Ermöglichungsrahmen für Verhandlungen vorgeben: Ermöglichungsstrukturen, die aber nicht „von oben aufgesetzt" (I6: 47) werden, sondern von unten her wachsen müssen
- Aktivitäten für Ältere an deren Lebensthemen entlang orientieren

- Menschen aktivieren und ermutigen, sich mit seinen Potenzialen einzubringen
- Leichter Zugang der Menschen/Interessierten zum Hauptamtlichen und zu Angeboten
- Angebote differenzieren nach Bedürfnissen und Interessen der TN (z.B. gibt es einen Wander- und einen Schlendertreff)

The manufacturer's authorised representative in the EU is Springer
Nature Customer Service Centre GmbH, Europaplatz 3, 69115 Heidelberg,
Germany. If you have any concerns regarding our products, please
contact ProductSafety@springernature.com

Printed and bound by CPI Group (UK) Ltd, Croydon, CR0 4YY
23/04/2026
02095588-0008